発達する
保育園
子ども編

子どもが心のかっとうを超えるとき

Hiramatsu Tomoko
平松知子

ひとなる書房

はじめに

公立保育園の廃園民営化を受託した「社会福祉法人けやきの木保育園」の園長になって五年。ある日、突然私はそう思いました。

「保育園って　発達するんだ」

今までの保育が通用しない悪戦苦闘の毎日を、開園と同時に新たに出会ったほとんどが二〇代の保育者と、無我夢中で過ごしてきた五年間でした。生活の見えない子どもたちや、信頼関係がマイナスからの出発だった親たちとの保育は、いくら強がってもすぐには「楽しい」とは言えるものではありません。どんなにがんばっても親に理解してもらえないしんどさ、すぐには答えの出ない保育の中身を手さぐりでもがくように探す日々。それでも、不思議と力が湧いてきて、来る日も来る日も職員と子どものことを語りあって、親に伝えて、また理解してのくり返しを続けることができたのは、子どもたちが私たちの想像を超える困難さを抱えながらも、「大きくなりたい」「発達したい」とけんめいに願って生きていたからだと思います。

そんな、子どもたちの願いは、たやすく私たちに示されるものではありません。一人ひとりの荒れたり閉じたりする姿を、そのまなざしの訴えるものとともに受けとめて、「どんな行為にも理由がある」と、その子理解を深めていくことと、「本当の気持ちにたどりつくこと」が保育の軸になっていきました。

保育者一人だけでは背負いきれぬ子どもたちの姿を、職員たちが考え出した「ちょこっと記録」をもとに、みんなで考えあう作業がだんだん楽しくなってきた一年目。

子どもたちの背景に、大人社会のひずみが色濃く横たわっていることを知った二年目。貧困や厳しい労働実態を学習で知り、泣きながら「その子だけじゃない、その親たちもこの保育園が安心できる場になってほしいのだ」と思い至ることができ、「安心感」が保育の柱に加わった日。

たいへんさを持った集団でも、誰もがもんくなく楽しめるあそびの中では、とびっきりの笑顔を見せてくれることに確信を持てたとき。どの子も仲間の中でこそかがやくのだと教えられた日々。そして、子どもがかっとうしながら自分らしく感情を表出し、仲間の中でそれまでの自分をのり超えていく姿を目の当たりにして心震えた数々の実践。

「子どもってすごいね」

そんな言葉がいきかう職場にいる幸せを、職員みんなが感じられていると胸を張れるとき、私たちの保育の伝えを、同じように親たちが熱い気持ちで受け取ってくれて共感できたとき、「保育園で出会えてよかった」と心から思うのです。

そして、そんな子どもたち、親たち、保育者たち（給食室も看護師も）みんながここで出会って自分たちの願いに向かってあきらめずに、確実に歩みを進めている今、子どもだけじゃない、親集団も職員集団もみんながからまりあって、伝えあって、理解しあって、保育園そのものが「発達している」と実感したのです。マイナスからの出発だったけれど、ここに一つの保育園が保育園らしく発達する物語がありました。

「保育園って　保育の仕事って　こんなことをしています」

きっと、日本中の保育者たちが、叫びたい今。

私たちは、子どもたちがこんなにも深い想いを抱いて、一人の人間として生きようとしている姿を、親たちがその成長を愛しみ守ることが、しんどくなっている状況を、そんな子どもと親たちと、時には自分の育ちや人間性とまで向きあうことを求められ、もがきながら「保育」をする保育者のがんばりを、一人でも多くの人たちに伝えたい。そして、共感したいのです。

この「子ども編」では、けやきの木保育園開園前に私が保育をしていた、名古屋市にある社会福祉法人熱田福祉会のぎく保育園で出会った、「本当の気持ち」に気づかせてくれた子どもたちとの実践と、同法人のけやきの木保育園で、記録検討を軸に、若い保育者たちと手さぐりで積み重ねた三年間の幼児実践をまとめました。また、子どもたちの姿を見つめながら、子どもに負けぬかっとうに向いあった親と職員集団の姿は、「大人編」で語りたいと思います。

日本中でつむがれている、たくさんの「保育」に敬意を払いながら、私たちの保育を発信します。

著　者

＊本書第１部に登場する子どもの名前は仮名にしてあります。

もくじ　発達する保育園　子ども編

Ⅱ章　子ども理解の根っこを学ぶ

第2部　「なりたい自分」に向かって仲間の中でどんどん変わっていく子どもたち

Ⅲ章　5歳児　自分だけじゃダメの取り組みが目白押し……………147

第1部

かっとうする子どもたちの姿と本当の気持ちにたどりつく保育

けやきの木
保育園

Ⅰ章

これまでの
保育が通用しない

大人社会のひずみと
子どもたちの“心の叫び”

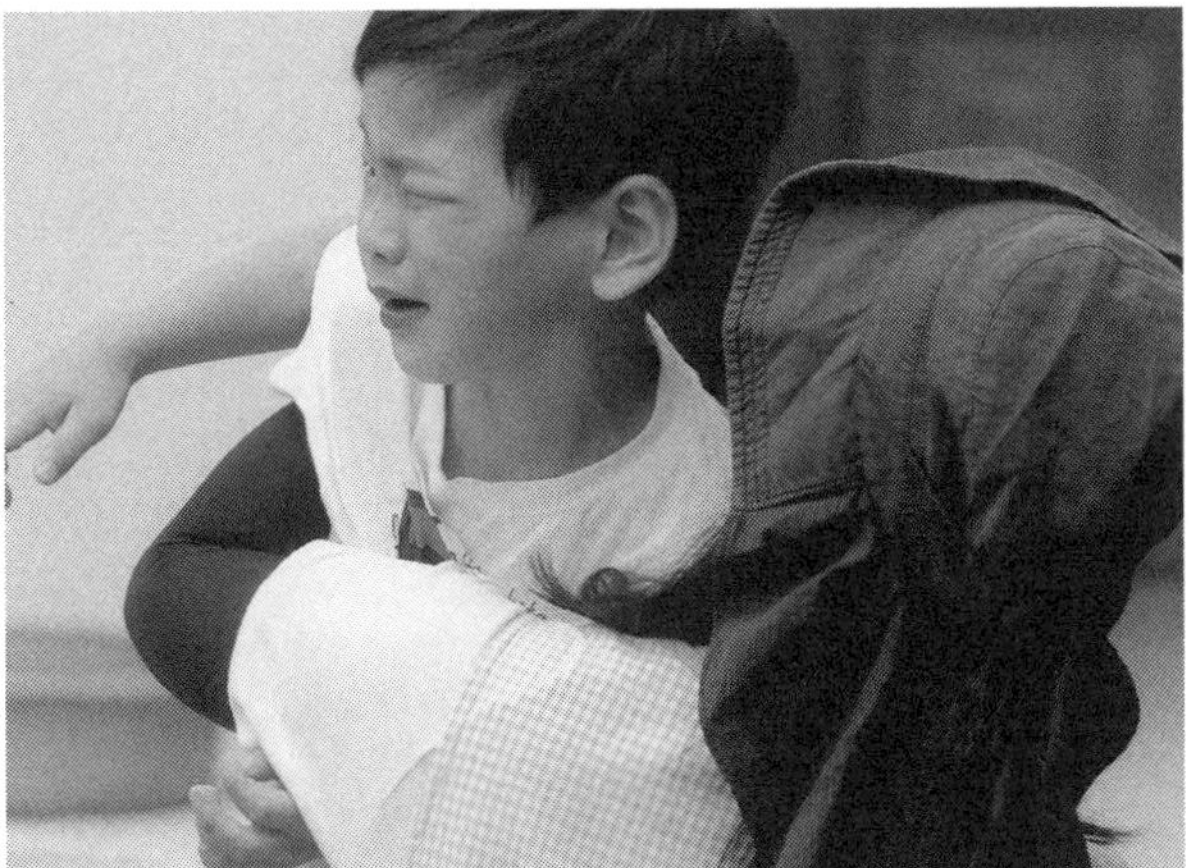

ようこそ、けやきの木へ

「園長さん　おはよう！」

名古屋駅の裏手、戦災を逃れた昭和のかおりのする路地の奥。

わずかに地域に面した門の中へ、親に手をひかれたり、自転車から飛び降りて駆け込んだりしながら、次つぎと子どもたちが保育園へ吸い込まれてゆきます。ほうきを持った私の横をすり抜ける子どもたちを見送りながら、見慣れない動くものを見つけてハッと息をのみました。

「ありんこ！」

玄関へと続く花壇や植え込みの隅っこで、三匹のありが忙しく動いているのです。その瞬間、自分でも驚くくらいあったかい感情が胸に込みあげて、思わずありに向かってつぶやいていました。

「ようこそ、けやきの木保育園へ」。

開園して五カ月。このありたちは、虫の子いっぴきいない更地から建ち上がったわが保育園で見た、初めての虫でした。「見て、見て、ありんこだよ」。登園してくる親子に声をかけ、急いで職員たちにも伝えます。「うれしいね、やっと虫たちもよってきてくれたんだね」。前の園ではあたりまえだったことも、歴史も実践の積み上げも何もないここでは、一つひとつの命の萌芽が大げさでなくありがたい存在となっていました。一つの保育園が、ここ名古屋市中村区で産声を上げました。

二〇〇七年四月。名古屋市に誕生した認可保育園。廃校になった小学校の校庭に建つ「けやきの木保育園」です。私は、それまで二五年間保育者としての自分を育んでくれた「熱田福祉会　のぎく保育園」の主任から、けやきの木保育園の園長となって赴任することになりました。このけやきの木保育園は、名古屋市の公立則武《のりたけ》保育園の廃園民営化にともなって開園した、名古屋市で初めての民営化受託園でした。

しかし、開園時には定員一一〇名は満たされず九〇名での出発。当時二〇名の職員の半分は学校を出たばかりの新人職員で、その保育づくりは、「なんとかなる」いや「なんとかするのだ」という決意なくしてはとても向かえないものでした。たぶん、全職員が不安だったと思います。でも、民営化の引き継ぎ保育で知った、自分たちにとっては新鮮だった名古屋市の公立保育園の保育に、これまで積み重ねてきた自分たちの保育を合わせて、新たに出会った子どもたちや親のみなさん、そして職員たちといっしょに一から保育を創っていけるワクワク感を私はひそかに持っていました。

「ここに、やっと長時間預けられる保育園ができたのですね」

「とびきりいい施設をつくって、いい保育を頼みますよ」

そんな地域のみなさんからのあたたかいエールを受けながら始まった、けやきの木保育ですが、中身は子も親も職員もほとんどが「保育園生活はじめまして」の人たちです。加えて、ベビーホテルや託児施設などそれまで待機児童にもカウントされずにしのいできた人たちと、「民営化はイヤでした」という苦い思いが渦巻く元公立則武保育園家庭と、じつに様々な環境からいろんな人が集まってきたわけです。

職員だって同じです。本園のぎく保育園からきたのはわずか六名。新入職員の他は、地域の杉の子共同保育所から二名と則武保育園からの引継ぎ保育者一名、公立や民間で一年ほど臨時職員の経験を持つもの数名、保育外の職業から転職してきたものまでバラバラでした。保育園としての体をとっていながらも、じつはまったくひとかたまりになってはいません。正直言って「保育の質の堅持」と思っていても、毎日が「事故なく、ケガなく、無事に一日が終わってほしい」と祈るような気持ちと、一日も早く古巣ののぎく保育園のような、親と職員が子どもを真ん中に育ちあうような保育園に、そして、しっかりとした職員集団にならなければという気負いもあったように思います。

「大丈夫、違いがあるからおもしろいのさ。違う保育・異なる文化だからこそ、それが合わさったときには、今ある以上の輝きを放つはず！」

これは、民営化の引き継ぎで何度も実感した気持ちでした。そこをよりどころにして、「やるしかない」、それが、けやきの木保育園のスタートでした。

しかし、新しい園での保育は想像をはるかに超える困難さがありました。開園時の慣れない環境に不安で泣く姿は当然あり、全職員で泣く乳児をおんぶしながら、好きなあそびや絵本・うたを探りながら保育をすすめ、どうにか「ここは楽しい場所なんだ」とわかってもらった頃から、今度は激しく荒れる姿が顔を出し始めたのです。なぜなんだろう？　子ども理解に向けた私たちの格闘が続くことになります。

けんた君の場合――「みんなきらい！」の裏にあるもの

＊泣かないのはなぜ？

一歳一〇ヵ月で入所してきたけんた君は、にこやかにあいさつをするひとり親のお母さんとは対照的に、重たいまなざしをたたえている子でした。開園一年目。ほとんどの子が新しい環境に不安感を訴え、登園時には激しく親のあと追いをするなか、けんた君だけは無表情で泣くことはありませんでした。「がまん強い子なのかな」と若い担任たちは思いましたが、いやいや、彼は母の姿が見えなくなったあとには、ゆっくりと保育室のほうへ向き直り、友だちに向かって「バーン、バーン」とてっぽうを撃つマネを始めるのです。その様子を担任から聞いたときに、私は「泣かない」こと以上の違和感を覚えました。この子は感情を出さないようにしているのでは？　職員会議でもこの姿をどう見るのか考えあいました。

「泣かないから手がかからない。でも、なんだか冷たいまなざしが気になるね」

「もしかして、大好きなお母ちゃんを困らせないように『泣かないで見送るいい子』をがんばっているのだとしたら?」

「えっ? それじゃぁ、てっぽうで撃つことは、『ここにいてもいいの?』だったり『仲間にいれて』が言えない苦しさの裏返しなのかも?」


様々な意見が出され、担任たちはより深くけんた君の様子をとらえていくことになり、荒れる行動にふりまわされがちになりながらも、「大丈夫だよ」と包み込むような保育が、職員みんなの課題となりました。

*みんな、だいきらい!

そのうちに集団の中のけんた君が気になりだしました。園庭での砂場あそびや追いかけっこ、室内でのままごとやブロックあそびでも、みんなの中にはあえて入ろうとしない姿が最初のひっかかりでした。友だちとのかかわりはといえば、「バーンつくろ」と宣言してブロックでピストルの形をつくり、相変わらず「バーン、バーン」と友だちに向かって撃つマネをしていくあそびです。

「子どもたちが笑ってくれるとうれしい」担任たちは、「楽しいと思ってくれるあそびを展開していく」ことに保育の柱を置き、おふろやさんごっこやお買いものごっこなど、友だちを巻き込んで

どんどん盛り上がっていくような、誰もがとびつく創造的なあそびをくり広げました。しかしけんた君は、みんなのあそびを見てはいるものの一人で行動することが多く、しまいには「みんな、だいきらい！」と吐き捨てて背中を向けてしまう、という状況で、担任たちは悩んでいました。

ある日、自分の使ったおもちゃの片づけを担任にうながされたけんた君は一、二個片づけるとすぐに「やらーん」と素知らぬ顔。そこで、友だちと一緒にならどうだろうと担任はあやちゃんを誘って片づけをし始めました。すると、冷たい目で、あやちゃんに向かって「バーン」とやるけんた君。「やらない」と言った片づけなのに、いざ他の子が自分の領域にかかわると、びっくりするほどとがった態度をとるのです。

担任はそんなけんた君を抱きしめて、「けんた君もちゃんと片づけしてくれたもんね」と〝あなたのこともちゃんと認めているよ〟のメッセージを送るのですが、あやちゃんを敵視するのをいつまでもやめないけんた君。あやちゃんには気の毒なことをしたと、担任は報告してきました。

＊甘えることをがまんする子どもたち

入園前後に家族の哀しい出来事や離婚があり、私たちは、けんた君のお母さん自身、笑顔を無理やりつくって生きているようにも感じていました。けんた君がどんなに愛おしいか、綿々と連絡ノートに綴ってくる一方で、朝夕の職員がいないところで、びっくりするくらいこわい言葉でけんた君を叱責しているところを、複数の職員が目撃していました。そんなとき、けんた君は保育で見せる暴れる姿ではなく、哀しげで口をとがらせるのが精一杯の顔で従っています。

お母さんの心の闇は、私たちには推し測ることしかできませんが、「子どもを保育する」ということは、日中保育園にいるときの子どもを見ているだけではすまないことを、職員たちはけんた君を通して感じ始めていました。

「子どもは大人に依存しつつ育つ」と学んできた私にとって、そんな基本の甘えることすら「遠慮をしている子どもたち」「大人の顔色を気にしてふるまう子どもたち」と出会い、保育に求められていることが大きく変わってきているのを感じています。甘えたいけどがまんすることが小さなときから恒常化しているのだとしたら……。ならば、保育園では安心感の基盤となる〝甘えさせ直し〟をしようと職員で意思統一をしました。

るい君の場合——本当の気持ちにふたをして

＊夜通し働くお母さん

るい君は開園と同時に入園した十月生まれの三歳児。けやきの木に入所するまでは、まだ二十代前半の母のパート先である企業託児所に、弟と預けられていました。父の就労は不定期で、入園してからも職場が変わっており、母は昼から深夜遅く、時には朝方まで若者の集まる駅周辺のレジャー施設のパートをしています。

「きっとさっきまで働いていたんだろうな」と思われる朝は、二人を園に送り届けると、その場にばったりと座りこみ、しばらく動けない母の姿に、思わず「お母さん、ちゃんと食べてる?」と声をかける日もありました。るい君は、親の就労形態によって保育時間がコロコロと変わり、やがて毎日夜八時までの夕食保育になっていきました。

四歳児クラスに進級する頃から友だちの中でも荒れる姿が頻繁に出てきて、クタクタの母が迎えにきても、ゴネるるい君と、そんな姿のるい君に声すらかけようとせず、うつろなまなざしで空《くう》を見ている母がいつまでも帰られない場面がよくありました。そんなとき私は、「園長さんのとっておきの絵本」を貸すことがありました。

「るい君だけに特別に貸すね」

この〝特別〟という響きは魔力があるようで、「ぼくだけ?」とさっきまで何を言っても耳に入らないで泣き叫んでいたるい君が、スーッと落ち着き、大事そうに絵本を抱えて帰ることができました。子どもに声をかけられないほど疲れきっているお母さんを心配しながら見送る夜でした。

絵本を貸した翌日は、はにかみながらるい君が絵本を私に返しにきてくれます。その本には母の字でメモがはさんでありました。

絵本を貸していただいてありがとうございました。家に帰ってさっそく読みました。弟と一緒に仲よく見ることができました。るい君はお礼の手紙を書くといって書きました。ママも手伝いました。甘えん坊でわがままが多く、先生方にもたくさん迷惑をかけてしまいますが、よろしくお願いします。家では〝お兄ちゃん〟としてがんばってくれています！

そのメモから、疲れきっている母だけど、本当はやさしくゆったりとわが子とかかわりたいんだな、るい君も母のことを気づかってがんばっているんだなと感じました。きっと園で見せる姿は、甘えられる先生がたくさんいるし、疲れも出るなかで、るい君自身もどうしていいかわからなくなってゴネる姿なのだと思いました。

＊自分の気持ちにたどりつく

るい君は、一日に何度もトラブルを起こすのですが、とりわけ、生活の節目で大きくくずれる姿が増えました。給食の時間になっても着席しない。担任の川元保育士がそばについてなんとか着席するも、ふざけが止まらずいっこうに食が進みません。「るい君うるさい」と友だちに言われようものなら、「ぶわ〜んっ」と大きく泣き崩れ、立ち直る気配すらないるい君に、川元保育士が「落ち着こう」と事務室に連れてくるのが日課のようになっていました。

この日も同じパターンで事務室へやってきたるい君。川元保育士が「どうしたの？」といくらたずねても、体をくねらせ一層激しく泣くばかりでした。もはや、自分がなぜ泣いているのかすらわからなくなっている気がして、気持ちの整理を私が手伝うことにし、川元保育士にはクラスに戻ってもらいました。話しかけても受けつけられない様子だったので、そこにあったメモ紙に絵を描くことにしました。

私　「るい君が泣いています」

るい君の泣き顔を描く。給食の時間だったので、その日の給食も描きました。るい君は少し泣きやみ、メモ紙の絵ができあがるのを待っているようでした。

私　「泣いているるい君かわいそうだなぁ。どうして泣いているのかなぁ？」

じっと黙って絵をにらんでいるるい君。言いやすくなるように、るい君の口調で口火を切ります。

私　「だってさぁ……」

るい「だってさぁ、川元先生と一緒がよかった」

私　「なるほど、るい君の心の声が聞こえたぞ。そうか、川元先生にいてほしかったんだね」

（泣いているるい君の横に川元保育士を描く）

私　「それなのにさぁ、一緒にいられなかったの？」

るい（こっくりうなずく）「みんなのところに行っちゃった！」

（怒りがよみがえったようで、また泣き出す）
私　「そうかそうか。それは悲しかったねぇ。ずっと一緒にいたかったのに、川元先生はどこに行っちゃったの？」
るい「紙芝居の時間だって。みんなのところに行って紙芝居読んでくるねって行っちゃった」
どうやら、食べ始めが遅かったるい君は食後のお話の時間までに食べ終わらず、川元先生は待っているみんなのところに行かなければならなかったようです。そこで、さっきのるい君の願いであるるい君と川元先生の一緒の絵の横に、川元先生がみんなにお話を読んでいる絵も描きました。
私　「もうお話の時間で、お布団も敷いてあったんだね。みんなも先生を待っていたんだね」
絵を見ながら、また落ち着いていくのがわかります。
私　「川元先生も困ったんだろうな」
（るい君の願いと紙芝居のみんなの絵を、それぞれ

〈くって、真ん中に困り顔の川元先生を描く〉

私「きっとずっとるい君のとなりにもいたかったし、お話を待っているみんなのところにも行かなきゃなーって」

神妙な顔のるい君に、もう一つの本当の願いがあるような気がして聞いてみました。

私「本当はるい君もみんなと一緒に紙芝居を見たかったのかな？」

（お話を聞いているみんなの中にるい君を描き加えてみます）

るい「（小さな声で）うん」

私「そうだったんだ。そして、笑って、みんなのところにいたかったね」

（思いっきり笑っているるい君を描く。これにはるい君もニヤリ）

自分でもわけがわからなくなるまで泣いていたるい君ですが、パニックになっているときにあれこれたずねられても、よけい混乱するというのはよくあることで、そんなときは絵に描くと子どもたちもよくわかるようでした。るい君は、絵で見ることによって自分の「一緒にいたい」要求と、でも「みんなも先生を待っている状況」が並行して存在していたことがわかり、自分だってこんなふうに泣いて怒っていないで、みんなと同じように給食を食べ、紙芝居をにこやかに見たかったのだと「自分の気持ち」にたどりつけたようでした。落ち着いたるい君は、その願いをみんなと先生に自分の言葉で伝え、クラスの中に戻っていきました。

それ以降も、「モヤモヤ気分のるい君」と「ニコニコるい君」の絵カードを作っておくと、パニックになったら自分から事務室にきて「カード……」と指さすようになりました。悲しいときはモヤモヤるい君を指し、「あのね、ぼくもやりたかったの」と気持ちを伝えすっきりとし、やがては「今日はこっちなの」とニコニコるい君を指すようになり、「だってさっちゃんが『一緒にやろう』って言ってくれたの」とうれしい気持ちのときも伝えてくれるようになりました。こうして、誰かに伝えたいくらい嫌なことやうれしいことがあっても、そんな気持ちに自分でもたどりつけなくて、それを表現する術《すべ》も知らなくて、暗闇に突入していく苦しい姿がだんだん減っていきました。

ニコニコるい君

モヤモヤ気分のるい君

まさき君の場合――ともに生活の厳しさを背負う

けやきの木保育園は、公立保育園を民営化された受託園なので、保護者の負担は基本的に保育料のみで、そのほかの徴収金は一切ありません。公立保育園が担っている〝セーフティーネット〟の役割を、私は受託園の園長になって初めてわかったような気がします。多くの親が超長時間労働であったり、派遣労働などの不安定雇用だったりします。各クラスに単親家庭も複数いますし、生活保護を受けながら必死に生きている家庭もいます。

＊歯医者のうれしい理由

職員よりも長く保育園で過ごす子どもがいます。「やったー、きょう歯医者なんだ」と喜んでいるので、なぜかとたずねると「だって夕ご飯前に帰れるもん」と言われてハッとしました。多くの子が憂鬱な歯医者治療だけど、毎日夕飯を園で食べている子にとっては、歯医者なら早く迎えにきてくれる喜びになるのです。

けやきの木保育園の開園時間は、朝七時十五分から夜八時十五分までです。その保育時間めいっぱい園で過ごすまさき君（5歳児クラス）のお父さんは、デパートの生鮮食品売り場担当で、朝は市場に買いつけに行くことから仕事が始まります。だから本当は六時前くらいに出勤したいところですが、父子家庭になったばかりなので、職場に頼んで出勤時間を調節してもらっています。それでも「ここにこんな早くから預かってくれる保育園ができて、本当にラッキーですよ」と、開園面接のときのお父さんは、本当にホッとされていました。

まさき君の家には、介護が必要なひいおばあちゃんと季節労働者のおじいちゃんもいて四人暮らしです。早朝から夜は園に駆け込んでくるようにして働いても、まだ家で内職をせねばならないほ

ど暮らしが困窮していることを、この頃の私たちはまだ気づいていませんでした。入園当初三歳だった甘えん坊のまさき君は、すねたりだだをこねたりしながら、お父さんとの生活に必死で〝くっついている〟ような感じでした。

誰よりも早く登園するまさき君は、次の子が登園してくるまでの間は、保育者と一対一の「ハニータイム」を過ごします。あまりにも些細なことでいらつく姿があったのですが、いつもご飯を食べる間もなく朝、起きぬけのままやってくるか、お父さんの自転車の荷台でチョコパンをかじって園につくとおしまいにしていたということがわかった日からは、相談室（事務室の奥にある小さな部屋）でお父さんが用意してくれた朝食を食べることもよくありました。早番の職員が、自宅からおにぎりや手作りパンを持ってきてくれることもあり、そんなときは、まるでピクニックのようにはしゃいでいました。

＊底なしの不安感

そんなまさき君は、小さい子が大好き。早朝保育でいつも会う赤ちゃんたちの好きなおもちゃを誰よりも知っており、その子たちが登園すると、すぐにそれを持ってきてくれるほどです。「まさき兄ちゃん、やっさし〜い！」と言われると、それはそれはとろけそうな笑顔ではにかむのでした。しかし、やがて同年代の子どもたちが次つぎに登園してくると、だんだん目が鋭くなってくるのがわかります。

「ダメっ！　それはオレが読んでた本！」などと、友だちの存在をとても警戒しているかのようです。園庭でも、友だちのあそびをめちゃめちゃにしたり、保育者と遊んでいる子に、わざといじわるをしたりする姿が目立っていました。他にも、部屋に入るときや並ぶとき、「一番がいいっ！」と常に自分が一番でないと落ち着かない姿や、じゃんけんに負けただけでも、そこらじゅうのおもちゃを投げまくって暴れ、止めに入った主任のメガネを折ることも一度ではすみませんでした。

じっくり話を聞き、トラブルをひもといて気持ちをわかっていけば、すーっと落ち着いていく。そうして保育者の膝でゆったりと過ごしているうちに、やがて子どもは自分から立ち上がって、友だちの輪の中へ帰っていくもの――私たちがこれまで考えていたこんな保育の基本は、まさき君には通用しませんでした。どんなに受け止めても受け止めても、集団に戻すとほぐれた身体にはとたんに力が入り、眼差しはきつく臨戦態勢になるのです。あっという間にトラブルが起き、また暴れるのくり返しに、職員たちも「どうすればいいのか？」「ずっと赤ちゃんの部屋（ここなら落ち着く）にいたほうがいいのか？」と論議は堂々めぐりとなっていました。

まるで、「底なしの不安感」だ。そう思いました。彼らの育ちに何があったのか、その〝心の叫び〟に気づき応えることこそが「保育園の役割」であることに気がつくのは、もう少しあとになります。

かい君の場合――仲間や母への深い思い

まさき君と同じ五歳児クラスのかい君には、大人のあり方、保育園の役割を子どもの側からするどく突き付けられたような衝撃がありました。それは、開園した年の冬のことでした。

＊「早い迎えの子だから許せんのじゃ！」

ある朝。かい君は、やはり同じクラスのよう君が家から持ってきた自作の紙のバッチを引きちぎり「こんなの持ってくるな！」とすごい剣幕です。なおも罵倒し続けるかい君を大泣きのよう君からなんとか引き離し、事務室で静かに話を聞きます。

私「よう君は、ずっと熱でお休みしていたから、おうちで作ってきたバッチなんだって」
かい「いかんのだわ、保育園におもちゃは持ってきていかんのだわっ！」
私「自分で作ったものでもダメなのかな？」

興奮しきりで出続ける悪態の合間合間に、気になる言葉が見え隠れします。

かい「ぼくなんて、そんなの作ったら（おうちで）イカンと言われるんだ」

「よう君はダメだ、まさき君やつばさちゃんやみーちゃんはいいけど」

私「よう君はだめなのか。まさき君、つばさちゃん、みーちゃんって……」

この名前を聞いて、私はハッと思いました。まさき君つばさちゃんみーちゃんというのは、毎日かい君と一緒に夕食夜保育を過ごしている友だちだったのです。よう君は？　毎日三時半迎えの子でした。

私「かい君、ひょっとしてよう君は早い迎えだから？」

かい「そうだ、まさき君たちはいつも夕ご飯までいてがんばっているんだ。だけどよう君はいつだって早い迎えだから許せんのじゃ！」

これを言ったときにかい君は一気に感情がほとばしり、涙が止まりませんでした。思わずかい君の体を包み込んで背中をさすり「そうか、かい君もいつも夕ご飯でがんばっているんだもんね」と言うと、体の力がスーッと抜けました。いつも夕ご飯までの保育にさせられている感じなのかとも思い、「お母さんもさ……」と言いかけたら「お母ちゃんには言うなーっ！　お母ちゃんは仕事をがんばっているんじゃ！　お母ちゃんは悪くないんじゃーっ」とまた力をこめて叫ぶのです。

そうです。かい君は毎日毎日友だちが先に帰るのを見送り、いつも同じメンバーでそれなりに楽しく園で夕飯を食べ、遅くまで仕事をする母の迎えを待つのです。母ががんばっていることを知っているから、たまには早く帰りたいとだだをこねたり、ぐずることもしません。毎日過ごしている日常のなかに、こんなにも重い気持ちがあったことを改めて知りました。

＊お母さんに伝わった気持ち

私は、「お母ちゃんには言うな」と言われましたが、このかい君の姿はなんとしてもお母さんにお伝えしたいと思いました。おやつの時、すっかり落ち着いてよう君とも仲直りしたかい君に、私は「今朝のことをお母ちゃんに話してもいい？」と聞いてみると、かい君は本当の気持ちを私にぶつけたことですっきりしていたのか、こっくりとうなずいてくれました。

その日の夜八時。私はかい君と一緒にお迎えを待ち、お母さんに今日のことをお伝えしました。するとお母さんは、かい君に向かってこう言ったのです。

「よし決めた。かい、明日は早く上がってくるわ！」

かい君のお母さんは、毎日とても忙しく、休みもとっていないようでしたので、

「えっ、お母さん仕事は大丈夫なのですか？」と聞くと、

彼女はくしゃくしゃっとかい君の頭をなでながら、

「いいんです。私もちょっと働きすぎだって思っていたし、かいがこうやってがんばっているのもわかっていたし」。お母さんの笑顔を心底ほっとした顔で見上げるかい君も笑っていました。

次の日、かい君のお迎えは本当に五時半でした。お迎えのとき「さよなら」を言って帰って行ったかい君のとびきりの笑顔は、ぴかぴかに輝いていました。けっきょく、卒園するまでかい君のお

迎えが五時半だったのはその日限りでした。しかし、その日を境に明らかにかい君は変わったような気がしています。いつも早い迎えの友だちに八つ当たりをする（しかも滅多打ちに）しかなかったかい君ですが、表情がとてもやわらかくなったのです。大好きなお母ちゃんを気づかってふたをしていた本当の気持ちを吐き出せたことで、お互いが「わかっている」「わかってくれている」関係になれたことが、心を軽くさせたのではないでしょうか？

＊「かい君」はたくさんいる

私たち保育者は、子どもは親とゆとりを持って帰り、夕飯は家族そろって囲み、お風呂も寝んねも親子でほっこりと過ごせるのならどんなにいいだろうとは思います。しかし、現実には長時間勤務や派遣労働などの厳しい労働実態のなかで、子育て世代のほとんどがそんな毎日を送れていないことも知っています。だとしたら、そんなときこそ保育園の出番です。子どもたちの「生活」そのものを保育園で守る――だからこそ長時間保育もやるし日曜・祝日保育だってやる。でも同時に、そこで子どもの視点を忘れてはならないことを、かい君から教えてもらったのでした。

子どもにはこんなにも深い思いがある。そんな当たり前のことも気づかずに、「子どもは何もわかっちゃいない、小さな人なのだから」と彼らの声を聞くことなしに大人の考えどおりに生活していいわけがない。彼らこそが、大好きな大人を気づかい、自分のすべきことを感じ取り、がんばっているのだとしたら？　私たち大人は、子どもたちを一人の人格をもつ者として、とことん信頼し尊重しているだろうか？　親として、保育者として、ここをまちがったら絶対にいけないのだ。私たちはこのかい君の姿から、大人としてのおごりはないのかと自分を見つめ直し、改めて保育を見直すきっかけにもなりました。

このかい君の話を、あるとき夜間保育園の職員さんたちに話す機会がありました。そのときも平日の夜でした。職員たちにまじって、そこの職員を母に持つ小学生の女の子も、宿題をやりながら会場の隅で私の話を聞いてくれていたようです。後日、その小学生から感想が届きました。

「かい君の気持ちを、わかってくれる先生がいてよかったです。」

そう書かれていました。私は、ここにも「かい君」がいたのだと思いました。夜間保育園の職員の子どもです。きっと、自分だって一番遅いお迎えの日を何日も何年も重ねてきたことでしょう。でも、彼女は子どもの目線から、「かい君の気持ち」に共感し、「わかってもらえてよかったね」と言ってくれているのです。まいりました。「かい君」は、きっと私たちのまわりにたくさんいるのではないか。そして、私自身、一番身近な「わが子」さえも、十何年か前の「かい君」だったに違いないと、今さらながら気づかされたのです。

「大人ががんばっているときには、子どもだってがんばっているのだ」

そのことを大人は忘れてはならないのです。

Ⅱ章

子ども理解の
根っこを学ぶ

のぎく保育園
時代の実践

保育の力量を勘違いしていた私

保育者を三十年やってくるなかで、いつしか私の中には、子どもと正面から向きあい、どんな小さな表情からもその子の気持ちに近づこう、そして本当の気持ちを表現する心地よさをどの子にも感じて卒園してもらう、という保育の根っこができていました。そのことを学んだのは、二十代から四十代半ばまで保育をしていた前任ののぎく保育園での実践からでした。

元気がよいだけの保育者だった私は、子どもを自分の思うように動かすことが保育の力量だと勘違いをしている時期がありました。おもしろいことをたくさんやって、みんなで団結して、仲間のすばらしさも、子ども自身が意欲を持ったときのすごい力も、子どもたちに教えられながら、どこか「子どものことならよくわかっているわ」とタカをくっている鼻持ちならない保育者です。しかし、そんな私にはまねできない実践を、仲間の職員たちはくり広げていました。

私より五歳も後輩の東松（当時鵜飼）保育士は、就職して一年目の0歳児実践で、まだ言葉を豊かに持たないある子どもの「うつろなまなざしが気になってしかたがない」とまとめ会で報告をしてきました。「何を言っているのだろう?」と、はじめに感じてしまったのを今でも覚えています。「泣いていないし、グズっているわけでもないのだから、別にいいじゃん」。

これが当時の私でした。しかし、東松保育士は、「何かを思っているのです。それが言葉にできないけれど、その気持ちをわかってほしいと私たちに言っていると思えるのです」と言うのです。それは、集団保育の中だけれど、自分だけを見てほしいというその子の気持ちのあらわれでした（詳しくは『ちいさいなかま』一九九一年、秋の特別号参照）。「すごい」と衝撃を受けたことを思い出します。「私だったら、絶対見逃していたな」と。

仲間の保育に学びながら、子どもの気持ちを一番に考える保育の模索が始まっていきました。そして、主任としてかかわった二〇〇一年の年長・くじら組で、私はより深く「子どもの本当の気持ち」に気づくことになります。本章で紹介するのは、私とその年長児たちとのかかわりの記録です。

五歳でもつくられる「あきらめの心」

この年長児たち、4歳児期にはまだクラス集団にまとまりがあったように感じていたのですが、5歳児くじら組になってからは、担任以外の職員もにわかに「コレはいかんぞ」と感じるようになってきました。殺伐とした雰囲気、担任が何を言ってもまとまろうとしません。「荒れている」という表現がぴったりでした。四、五月期は〝進級の喜びを〟と、楽しい保育を心がけるものの、当番活動に向かわず、朝の集まりや給食にもこない子どもたちがいます。「何とかしなければ」と焦る担任が、毎日のように声を荒げなければ保育が成り立たない状況でした。

職員全体でも考えるようにして、主任の私は、くじら組の保育はいつも気にかけ、SOSがあればいつでも補助するようにしていました。

夏のある日のこと、各クラスに書類を配っていると、課業真っ最中の時間だというのにけんじ君が一人テラスに出てきました。「どうした?」と聞くと、なんとも言えぬ困った表情。「だってさ……」と言うけんじ君の見つめる先には、担任を囲んでなんとなく車座にはなっているものの、ある子はピアノの上によじ登り、ある子は部屋の隅でブロックに熱中し、こちらのほうでは数人が追いかけっこをしてふざけあっているくじら組の姿がありました。

どうやらトラブルがあって、その話しあい中らしいのですが、その主人公であろう子はふてくされて「ナンダテメェ!」と悪態をつき、その向かいには泣きじゃくる子がいます。これでは、いくら「みんなで話しあうよ」と呼びかけられても居たたまれないよな……。けんじ君の悲しい目のわけがわかった気がしました。「なんかこんなのイヤだよね」と言うと、ふふっと困ったように笑うけんじ君。その顔を見て、私は何かもうこの子はこの集団をあきらめているようだな……と感じてしまいました。

「ご自由に」の不自由さ

このクラスがもっている「大変さ」は何なのだろう。ひき続き、担任と一緒に私はサポートしていきました。

毎週金曜日は幼児全員で行うリズムの日。ところが、のんちゃんは毎回プレイルームに行くとなると「あーぁ、つまらん！」などとふてくされ、さんざん担任にからんだあげく、やっとベンチの隅っこやその後ろに座るものの、リズムはやったりやらなかったり。

「何かありそうだぞ」と注意深く見ていると、あるリズムの日。いつものように〝くじら席〟から外れたところに腰掛けていたのんちゃん。ベンチの端から一人ずつスキップをやっていくくじらたち。次つぎにバトンタッチをしてやっていきます。担任にもたれるように甘えていたのんちゃんでしたが、担任が別のトラブルの対応をしていたため、バトンタッチは少し離れたのんちゃんのところにまでまわってこず、〝スキップ〟は終わって、次のリズムに移ってしまいました。

そのときは何もなく過ぎていきました。しかし、リズムも終了する頃、何かイライラしてけったりたたいたりと担任に当たり散らしているのんちゃんがいました。その様子を事務室から見ていた私は、もしやとたずねてみました。「のんちゃん、Kちゃん（担任）に怒っているけど、別のこと

でモヤモヤしているんじゃないの？　本当はみんなと一緒にスキップをやりたかったんじゃなあい？」と。横を向き、眉を吊り上げ、ふてくされていたのんちゃんの目からぽろぽろと涙がこぼれました。「やりたかったけど、順番が回ってこなくてつらかったね」と抱きしめました。

その頃のんちゃんは、散歩の手つなぎのときにも同様にすねることがしばしばあったので、「のんちゃん、ベンチに座るのドキドキしちゃうの？　誰のとなりに座れるかなって心配なのかな？」とたずねてみました。すると、「本当はつばさ君のとなりがいいの」とのんちゃん。

のんちゃんは月齢も高くてしっかりしていると思っていましたが、今まで常に一緒だった、ともあき君が別の子と遊ぶようになり、のんちゃん自身も新たな友だち関係をつくろうとしたところで、「もし断られたらどうしよう」と不安で、〝自由席〟のベンチや、〝好きな子同士手つなぎ〟の散歩がしんどかったのかもしれないね、とその後担任と確認しあいました。「ご自由に」は、一見自由でいいのではと思うのですが、友だちへの一歩がなかなか出せない子にとっては、逆に「どこに座っていいのか」ドキドキし、「あの子のとなりはいつもダメだ」と不自由さをもつことがあるのだと気づかされました。

それからは、事前に「誰と行きたい？」「じゃ、約束してから行こうか」と声をかけたり、ベンチ席もぎゅっとみんなの中に引き込むよう応援したりして、「あ、こうすればいいんだな」と仲間の入り方を伝えたり、思いどおりになって楽しい経験や、反対にうまくやれなくても〝次もあるさ〟と思える経験を重ねていくことを大事にしました。

「のんちゃんはリズムが嫌いだとばかり思っていたけど、それだけじゃなくて『何かあるぞ』って思わないといけないんだ」と担任。〝現象面だけでなく、子どもの本当の気持ちに寄り添う〟ことが私たちの課題になりました。

のんちゃんは、客観的に物事を把握でき、ズバズバと発言してくれる子だからこそ気づかれにくかったのかもしれませんが、自分のせつない気持ちをどう言葉にしてよいのかわからないこともあったのです。こんなとき保育者は「言えばよかったのに」とかんたんに言ってしまいがちですが、自分への自信や仲間への安心感がなければ、「言ってもいいんだ」とはとても思えず、どんどん後ろを向いてしまったり、黙って通り過ぎていけばいいと、変なあきらめの術《すべ》を身につけたりしてしまったりする、デリケートな五歳児の姿もあるのだということを感じました。

「いい―悪い」だけの決着パターンで終わらせない

秋の運動会に向けての跳び箱練習が終わって、さぁ給食という時間にその〝事件〟は起きました。事務室にいる私のところに、くじらの子どもたちが「たいへん！　かっちゃんが部屋でおしっこしてる！」と呼びにきました。急いで部屋に行くと床一面にエンピツ削りのくずがばらまかれ、おしっこなのかビショビショにぬれていました。騒然とした雰囲気のなかで、ヘラヘラ笑いのかっちゃんがつかまえようとする担任の手をすり抜けて暴れています。

やっとのことでつかまえて、担任と二人だけで別の部屋でかっちゃんの気持ちをじっくり聞き、私がその間の保育をすることにしました。

その後、担任がかっちゃんの思いを伝えようとみんなに呼びかけるのですが、いつものように半数も集まりません。「友だちの大事だからちゃんと聞こうよ」と、ふざけている子一人ひとりに声をかけて何とか集まらせ、丸く座らせます。担任から、跳び箱練習のとき、嫌なことがあったというかっちゃんの気持ちが伝えられました。当人は身の置き場がないのか絵本棚に登ったりして落ち着きがありません。ここは大人が事情を説明してすませるのではなく、ぜひ自分の言葉で仲間に伝えるようにうながすと、「うんそうだよ。みんな笑った。『ヘタクソ』って言った！」と、もうヘラヘラ笑いは消えていて、今にも泣き出しそうな必死な表情のかっちゃん。

この頃まだ跳び箱が跳べなかったかっちゃんは、やりたい気持ちはあるものの、〝できない自分〟を出せずに練習となると逃げていました。そんなかっちゃんがやっと心のハードルを乗り越えて跳び箱練習に向かった矢先の出来事だったのです。

かっちゃんの発言を受けて即座に、「オレ、言ってない」「オレも」と言い出す子どもたち。言っていないとか、笑ってないから自分は関係ない、悪くないと安心したい気持ちはわかりますが、そういうふうに事実を追及していくだけで、せっかく言えたかっちゃんの気持ちやがんばりを終わらせたくありません。私は、「誰が言ったとかじゃなくて、かっちゃんがそういう気持ちだったことをみんなにわかってほしいんだわね」と言うと、「ごめんね……」とけんじ君。これまたつられてみんなが次つぎと「ごめんね、かっちゃん」になるのです。どうやらこの集団は〝いい―悪い〟で決着するパターンしか慣れていないのだなと感じ、再びつっこんでみることにしました。

私　「かっちゃんは跳び箱がまだ跳べないんだけど、どんな気持ちだったかわかる？」
けんじ　「イヤな気持ち」
えいだい　「跳びたいんだと思う」あいちゃんもうなずく。
私　「そうか、みんなはそういう気持ちがわかるんだ」
　するとかっちゃんも、「そうだよ！」
私　「じゃあ、どうすればいいのかな？」
ふみか　「練習すればいい」
りか　「がんばる」
私　「そうだね、でもそんなときに笑われたりヘタクソって言われたらどう？」
みんな　「ヤダー」
こういち　「でもさ、(部屋で)シッコをしたらいかんかった」
私　「そうだよねー。でもね、かっちゃんはエンピツ削りをぶちまけて、そこにおしっこかけるくらい悲しかったんだね。かっちゃんって、そうやってとんでもないことをしないと、みんなにイヤだったことを伝えられないんだわ。そんなかっちゃんなんだわ」

このあとは、「ぼくも笑われてイヤだったことがある」とこうき君が告白し、すでに跳べる子たちが跳び箱先生になって教えてあげれば、跳べない子もうれしいかもしれないという話になりました。

この話しあいを終えて、「思いのほか一人ひとりがしっかり考えを持っているのがわかった」と担任。一見バラバラで荒れているクラスだけど、「ちゃんと力を持っているのだ、この子たち」を実感した私たちでした。この日の跳び箱練習では、かっちゃんはさかんにふざけて順番抜かしをしたり、わざと転んで何回もやり直したりして、みんなのブーイングを受けていたとのこと。そんな「ふざけ」こそ、かっちゃんの「やりたくてもできないジレンマ」のあらわれ、ＳＯＳだったのかもしれないね、と話しあいました。

かっこ悪い自分もＯＫ

同じ頃、たいち君が友だちを誘って「こんな部屋でおやつ食べたくないよな」と、かってに「門から飛び出し事件」もありました。幸いすぐに職員が気づき、大事には至りませんでしたが、「やってはならないこと」と十分承知のうえで平然とやってしまう。まるで「無法地帯」のようでした。集団が落ち着かない→あそびや生活が楽しくない→つまらないから暴れる→ますます落ち着かない、という悪循環に陥っているように思えました。

このときもたいち君は「ごめんなさい！　もうイヤだ！」「もうこの話はいいっ！」の大泣き。人一倍プライドが高く「まちがった自分」が認められないようでした。

また、けい君も、日常的にべらんめえ口調で担任や友だちに悪態をついたり殴ったりと荒れて、次第にぞう組（3歳児）で過ごすことが増えていきました。ぞう組の女の子たちが「オレのこと好きなんだってー」ととろける笑顔で教えてくれるけい君は、本当にうれしそうです。

ある日の夕方、例によって壁をドンドンとけりまくって大暴れのけい君に、ぞう組の担任が理由を聞きました。「かなちゃん（ぞう組）がオレのことキライって言った」。たったこれだけのことですべてが嫌になるけい君の心は、まるでガラス細工のようです。保育者に「あのね、ぞう組って一日に何回もスキとかキライって言うんだよ」「本当の仲良しは、そんなことでは終わらないんだよ」といった話を聞いて、ほ～っとした表情で落ち着いていきました。

クラスの中で荒れているけい君の姿は、『ぼくのことみんなキライなんでしょう?』と思い込み〝ステキな自分〟でありたいのにそうならないイライラを表している苦しい姿にも思えました。

私たちは、「子どもの本当の気持ちを聞こう」を合言葉に、何かあるたびに頭ごなしに叱るのではなく、ゆっくりと本人と話をすることをくり返しました。担任だけでは手が回らないときは、フリーの私が保育に入って、担任が別の部屋で子どもと話せるようにしました。「大丈夫、わかっているよ」と受け止めたあとは、その子がどうしたいのかをたずね、そのことを友だちに伝えたいのならそれを支えたり、その子のステキな部分を仲間の中で再確認したりしていったのです。

引けない気持ちとガマンの涙と

一〇月の運動会本番には、みんなで「かっこいい運動会にしたい」「お父さんやお母さんたちに見てもらいたい」と、明らかに去年の四歳児のときとは違う気持ちで向かい、竹馬、リレー、跳び箱とやりきった自信は、手応えとして感じることができました。しかし、すべてがうまくいきだしたわけではなく、集団あそびでは、声の大きい子が勝手にルールを変えてしまい、みんながそれに振り回されたり、つまらなくなっても抜けることを許してもらえなかったりという姿があるようでした。

そして一二月。クリスマス会の出し物は、しょう君がやりたかった『王さまと九人のきょうだい』（岩波書店）が最終的にみんなの多数決で敗れ、『からすのパンやさん』（偕成社）に決定しました。

はじめから何が何でも『からす…』がいいと言っていたけい君たちは、『やったね』と思いどおりになって、ポケットに手を突っ込み肩で風切るふてぶてしさです。

一方、しょう君は目に涙をいっぱいためてうつむいています。みんなが次のことに気持ちがいきそうなか、私はあえてみんなに聞こえるように「しょう君は、涙が出るくらい『王さまと九人のきょうだい』がやりたかったんだね」と言うと、いっせいにみんなもしょう君を見て『はっ』とした雰囲気。やさしいりかちゃんは「べつに『王さま』でもいいよ」。ほかにうなずく子も何人かいます。「チェッ」と舌打ちをしてそっぽを向くけい君。でも、みんなで話しあって決めたことだから、ここでひっくり返すことはできません。

「決まったことだからしょう君も『からす』でいいんだよね?」と聞くと、しょう君もこっくりうなずいています。「でも、こんなふうにしょう君が涙が出るくらいやりたかった『王さま』をガマンしたことは忘れないでいようね」と話しあいを締めくくって、その日は終わりました。

年が明けていよいよ二月の春まつり（幼児の劇あそび公開保育）に向けての話しあいが始まりました。

演目は「やってみて決めよう」といくつかの劇あそびを楽しむなかで、今度は「『王さまと九人のきょうだい』もいいね」の声が多くなってきました。けい君は、かたくなにほかの話がいいと主張します。どうやら『王さまと九人のきょうだい』では自分のやりたい役がやれない不安があるようでした。

今日でくじら組の出し物を決めるという日。けい君は、クラス全体が『王さまと九人のきょうだい』に固まってきているのを感じ、当初からふてくされた様子で話しあいに参加していました。「みんながいろんな役をやれるからいいと思う」「うん、みんなでやっているところがいいよね」「それに……」と、ふみかちゃんが「クリスマス会のときしょう君がガマンしたもん。今度はやりたい」。この意見にはみんなも大きくうなずきます。

けい君だってわかっている。わかっているけれど、どうしても引けない気持ちもあるようでした。けい君以外は全員『王さまと九人のきょうだい』がやりたいと意思表明。キッとにらみつけるようなけい君の顔を心配そうに見ているしょう君。「わかったよ。やりゃ～いいんでしょ。やりゃあ！」とけい君。こうして春まつりがスタートしました。

春まつり―「あとはけい君だね」

担任が病休に入り、私が毎日保育に入るようになりました。

配役も立候補が基本ながら、重なった場合は『やってみて、みんなで決める』のオーディション方式をしたり、話しあいで決めたりしました。しょう君は待ってましたとばかりに悪役の〝王さま役〟に立候補。けい君は『どうせ自分のなりたい役になれないさ』と投げやりで、「家来（ナレーター）でいい」と言って譲りません。練習も気乗りのしない様子でふざけるばかりです。〝力持ち役〟がやりたかったけれど、じゃんけんで負けたたいち君も、なかなか劇に向かいませ
ん。しかし、みんなに『本当は力持ちがやりたかった』気持ちを伝えるなかで、家来役でも〝力家来〟になればいいという意見が出て、重たい柱を運ぶ家来役はたいち君にしようと決まり、たいち君はいい顔で練習に向かえました。みんなで話しあって、いい考えが浮かび、たいち君も受け入れてくれました。本当は〝力持ち役〟がやりたかったけれどガマンしたたいち君の気持ちをみんながわかっていたのです。だんだん話しあいができるようになって、一人ひとりが友だちのことも気づけるようになってきたんだなと私もうれしい気持ちになりました。

するとその話しあいのあと、いっぺい君が私の横で「あとはけい君だね」とつぶやいたのです。いっぺい君はちゃんとけい君のことがわかっているんだな、この子たちは、やっぱり小さな時から一緒に過ごしてきた仲間なんだ、すごいや、といっそううれしくなったのでした。

そんななか、けい君がモヤモヤしているのが手にとるようにわかりました。もうすぐくる春まつりへの緊張と、自分の中で役に向かえていないいら立ちもあったのでしょう。登園時といわず、自由あそびの時間といわず、給食中までもよく大声で怒鳴るように歌いだすのでした。とてもうるさいのですが、よく聞くととてもいい歌であることに気づきました。

♪誰だって失敗はするさ
はずかしいことじゃない
この傷を無駄にしないで
笑って歩ければいい♪

（「ALIVE」作詞：hidemix・ハル　作曲：雷鼓　より）

「けい君。その歌すごくいいね。教えて！」と言うと、ビックリしたように照れながらも歌ってくれます。どうやら、テレビアニメのエンディングテーマらしい。おはよー会で伴奏をつけて歌ってみました。春まつりの劇に向けて、「ここはもっと大きな声で言ったらいいと思う」「間違えないでやったほうがいい」などと、お互いに率直に指摘しあいながら練習を重ねてきた今のみんなの気持ちにもぴったりの歌でした。

小道具も自分たちで工夫してつくり、最後に大背景画に取り組みました。『宮殿』『兄弟達の家』『池と川』『山や木』の四つのチームに分かれての話しあいです。

けい君は大好きなけんじ君と同じ宮殿チーム。ところが、けい君はここでもふざけが止まりません。笑い続けるけい君に、ついにけんじ君が怒ります。「けい君ふざけるのやめて！」。しかし、いっこうにおかまいなしのけい君に、なおも粘り強く、「ねえ、ふざけんといてって言っているんだぞっ！」とすごい剣幕で詰めより、しょう君も「そうだよ、やめてよ」と同意します。「わかったよ……」とけい君がばつが悪そうに静かになりました。「ちゃんとやりたい」「すごい宮殿にしたい」、そんなみんなの気持ちが表れていると思いました。夏、この集団に『あきらめていた』けんじ君はもうそこにはいませんでした。

いざ、墨での下書きとなると、「屋根描こう」「おう！」と、しょう&けいで屋根の担当に。けい君が、その中を細かく瓦模様にしていくのを見て、

しょう「お、けい君どうやってやるの？」

けい「（快く）まずーこうやってー」とうれしそうに教えます。

難しい竜の柱は、

けんじ「たいち、どうやったらいい？　一緒に描いて」とSOS。

みるみる立派な宮殿ができあがります。色塗りもチームで決めた色にこだわり、自分一人の判断では誰も塗ろうとはしません。

ほかのチームも同様。絵に自信がなかった子も、チームの仲間に相談したり、「ここやるよ」と声をかけながら筆を滑らせていきます。だからできあがりは、それは見事で、思わず立ち上がって「うわ～きれい！」と声があがります。「オレたちってすごいな」とクラスの自信になっているのを感じました。

みんなの願いとけい君のかっとう

ついに、春まつりまであと三日という日。どうしても最後の家来役が大川に流されるところでふざけてしまい、素直に流されないでいるけい君がいました。それを苦々しく見るほかの子たち。物語のクライマックスシーンをストーリーどおりにやってくれないのですから、〝ちゃんとやりたい〟五歳児には許せないのでしょう。

練習を始める時、ふみかちゃんが「言いたいことがある」と立ち上がり、「けい君が最後に川に流されないのがイヤだ」と発言。するとりかちゃんも「私もそう思ってた」。みんなも大きくうなずきます。ニヤニヤ笑いがだんだんこわばるけい君。

実は私は、ここ数日何かと私に甘えてくるけい君と二人で話すなかで、けい君の「本当は水くぐり役をやりたかった」思いを知っていたのですが、「ぜったい、ないしょにして」とかたく言われていました。でもここは、笑ったりすねたりして逃げてほしくありません。何とかそれを自分の口からみんなに言ってほしいと願っていました。

私　「けい君はどうして最後にふざけちゃうのか、わかる人いる?」

うつむいて私の背中で丸くなっているけい君。

えいだい「おれ、なんかわかる」

けんじ「うん、やりたくないんでしょう」

たいち「言えばいいのに」

いっぺい「水くぐり？」

けんじ「水くぐりがやりたいんじゃない？」

さすが、くじらの仲間。劇あそびの時に、じゃんけんで負けて水くぐり役がやれず、すねていたけい君を覚えていたのです。

私「けい君。みんなわかってくれてたよ。大丈夫だから自分で言ってごらんよ」

と言うと、やっとの思いで、

けい「水……くぐりが……やりたかったんだわ！」

これには、水くぐり役のともあき君がどぎまぎ。それを察して、

のん「でも、もう決まっちゃってるし……」

あい「練習もしてるもんね……」

みんなも『うーむ困った』の表情。

私「けい君はさぁ、ともあき君も水くぐりやりたいの知っていたから言えなかったのかもよ」

けい君にはそういうやさしいところもあるのです。けい君の涙。私は、けい君がみんなに自分の

気持ちを言えてステキだったことと、「みんなもけい君の本当の気持ちがわかってくれたよね」と確認してリハーサルに向かいました。

リハーサルでは、大人が何一つ手を貸さずとも、立派に劇を演じる一六人がいました。そしてラストシーン。照れくさそうに、しかし、ふざけずにしっかり川に流されるけい君がいました。こうき君が劇中にもかかわらず、「あ、けいがやってくれた！」とつぶやく。ふみかちゃんも、あいちゃんも、けんじ君も私を一斉に見ました。そして、にっこりと笑ってうなずきあったのです。

そのあとの給食の時間でも、「やったね」「すごくうれしい気持ちがした」とけい君のがんばりが話題になりました。このみんなの言葉は、けい君に快く響いたに違いありません。本当にやりたかった役ではないけれど、みんなはちゃんと自分の気持ちをわかってくれている。それがけい君に伝わったのだと思います。

春まつり当日は「子どもたちだけでやれた！」「見る人みんなが『スゴイなくじら！』って言ってくれてた」、そんな達成感にあふれたものとなりました。『このままいい感じで卒園まで楽しいことをいっぱいやっていこう』。そんなふうに考えていた私に、三月初旬、おもわず唸りたくなるような出来事が起こったのでした。

困ったら友だちと先生に助けてもらおう

夏ごろ、とんでもなく暴れてあのえんぴつ削りオシッコ事件を起こしたかっちゃん（かずき）でしたが、年が明けてから落ち着いてきたものの、話しあいでは自分の意見を抑えてがまんするような姿が出てきていて、逆に、それが私には気になっていました。何かふわふわした感じで、ささいなことで友だちにからんだりすることが多くなっていました。

三月四日、おやつ後。まだ食べているゆうきち君に対して、執拗に「やめて」ということをするかっちゃん。あまりのしつこさに私が「どうしてやめられないのかな?」と割って入りました。ヘラヘラ顔が一瞬で曇り、泣き出すのでこちらが驚きます。「だって……女の子たちが、ぼくのことキライっていう」。突如矛先が向いた女の子たちもびっくり。

のんちゃんは、「だからって、ゆうきちに八つ当たりするのはおかしい!」と言います。〝八つ当たり〟という言葉を的確に言えたことに感心しつつも、「かっちゃんって、こうやって心の中に重たい石ころがあると、『やめて』のことをやってしまうのかもね」とみんなに伝えます。

「キライ…」と、今言われたのかというと、そうではないのです。「Kちゃん（担任保育士）がいたとき。春まつりのずっと前」だと言います。そうか、そのことがずっと心にひっかかっていたのね。女の子にも思い出してもらい、「だってチューするから」「やめてと言ってもやめないから」と原因もわかり、無事仲直り。しかし、晴れない顔のかっちゃん。「だって、みんながぼくのことキライっていう。けい君も仲間に入れてくれんもん……」

この時はすでにけい君はお迎え後でいなかったため、「明日話そう」ということになりました。

三月五日、給食後。その日の散歩の帰り道、けい君には昨日のかっちゃんの話をしておきました。けい君いわく、「だって、かっちゃんと遊ぶとすぐケンカになるんだもん」。みんなで集まりそんなことを話すと、みんなも自分があそびの最中にかっちゃんとけんかになった経験があると話してくれました。

けい　「だって、かっちゃんは『ごめんね』って言ってもぜったい許してくれんから」
かずき　「だって、すっごくすっごくイヤだったもん」
私　「あーそういうことあるよね。そんなときはどうすればいいんだろうね」
ゆうきち　「ねえ、友だちに教えればいいじゃん。『困った』って」
私　「なるほど！　友だちに助けてもらうってこと?」
こうき　「うんそうだ！」「そんで考える！」

どうやら、ルールを大事にしたいかっちゃんに、奔放なけい君は合わない模様です。でも、そんなときには仲間がいるじゃん、ということになり、「みんな、けい君とかっちゃんがケンカになったときはお願いね」と話を締めくくろうとしました。ところが、それだけでは終わりませんでした……。

かずき「でもさ、たいとこうきがさ、消えないマジックで『やめて』って言ってもやめないでぼくのシャツに追いかけて書いたもん。保母さんも助けてくれなかったもん……」

とまたまた爆弾発言。

こうき君もたい君も「へ?!」とびっくり。

私「それって、いつのとき?」

かずき「Tさんのとき」

私「!」

Tさんとは、この子たちが三歳児クラスのときの担任で、その後退職した保育士です。それって二年前のこと? そんなに心の中のもやもやをずっとためこんでいるの? いったいこの子の心の中にはいくつこんな石ころがあるというの? これはもう、一つひとつを解明して「ごめんね」と決着させるものではないなと感じました。

ホワイトボードにかっちゃんを描き、その心の中に石ころをいっぱい詰まった絵を描きました。

私　「かっちゃんの心の中にはいくつもいくつも石ころが詰まっているんだね。それ、貯めたらいけないと思うよ、かっちゃん！　一個ずつ決着つけなきゃ！」

りか　「決着って？」

私　「うーん、スッキリすることかな？」

けんじ　「そうだよ。言わんと。口を閉じとったらいかんのだよ！」

私　「かっちゃんが自分で石ころを『プッ』って心から吐き出さないかん。（また図で描く）『やめてよー、プッ』『誰かきてよー、プッ』『ちゃんと話そう、プッ』ってね」

この〝プッ〟がわかりやすかったのか、みんなにも笑顔が戻ります。

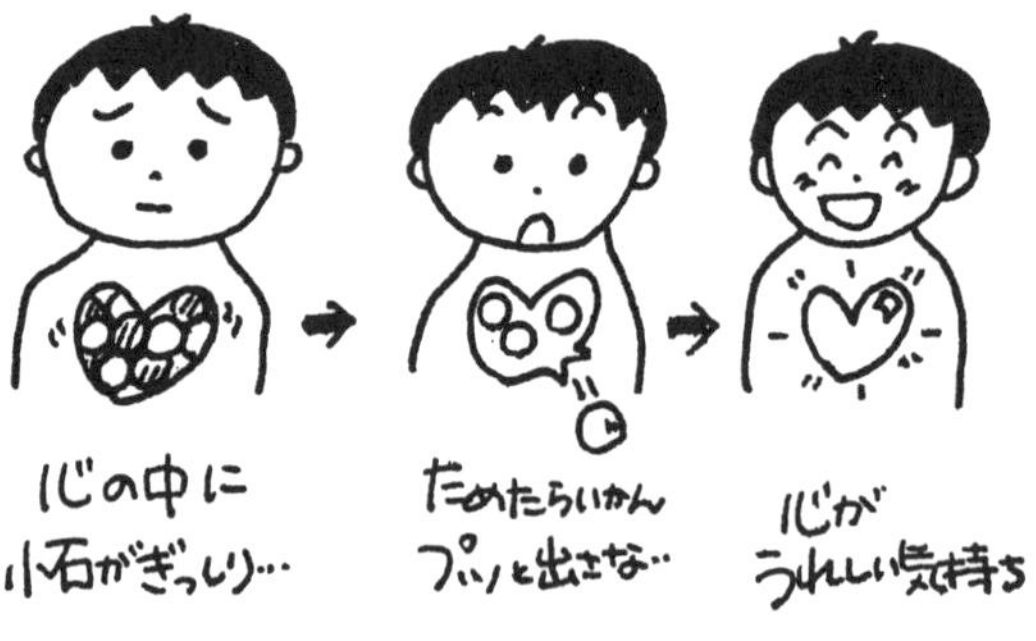
心の中に
小石がぎっしり…
ためたらいかん
プッと出さな…
心が
うれしい気持ち

〝困ったら、友だちと保母さんね〟も合言葉になりました。

それからは、自由あそびになる隙間の時間も含めて常にかっちゃんの動向を見守り、必要なら背中を押して励ますなどの配慮をいっそう心がけました。かっちゃんは、見違えるようにみんなの中で過ごす時間が増え、ピカピカの笑顔も見られるようになりました。それを見て思わず「かっちゃんよかった……」とつぶやくと、けんじ君やのんちゃんが「なにが？　ああ、かっちゃんね」とニコリ。りかも「私もうかっちゃんのことスキだよ」。そんな一言がかっちゃんをますますみんなの中に引き込んでいくのだと思えました。

卒園式の歌練習で、

♪たくさんの友だちとここで遊んできたね　～きっと忘れない♪

という歌詞の意味をみんなで話していると、「オレ忘れんとこう」とかっちゃん。

それまでの経験の積み重ねから、友だちとかかわることをあきらめたり、うまく伝えられなくて後ろを向いたりだった子どもたち。とにかく必死で、担任と一人ひとりの表情を拾い、本当の気持ちに気づき、みんなに返すことをくり返しやってきました。いろんな経験をし、楽しいことをいっぱい友だちとくぐることで、その楽しさに目覚め、「こいつってこうだもんな」「でも、こういうとこもあるんだ」とわかりあっていく集団の成長は、親たちにも伝わっていきました。

卒園記念の共同画『堀川のカモメとぼくたちわたしたち』は、何もがんばらせなくても一六人全員がその中に息づいてひとつの絵になっていました。ずっと見ていたい作品です。自分が確かにそこにいる。この仲間たちの中にいた自分だ。一六匹のカモメと同じように、快晴の空の下、一六人ははばたいていきました。その空は、まるで自分の本当の気持ちが仲間に通じた瞬間のような晴れやかさだと思います。

「本当の気持ち」を伝えて「何とかなった」経験を積ませたい

これ以前の幼児たちも、仲間づくりに至るまでの大波小波は確かにありました。でも、あの頃年長保育をやっての率直な感想は「なんだか疲れるなぁ」です。ここまで保育者が寄り添わなくては自分の気持ちを言えない何か、出し方の下手さ、いや、その子自身が自分の気持ちにすら向かえてないような危うさを感じます。だから保育がしんどい。一人ひとりがちゃんと見えていないと、その子すら気づかないうちに、気持ちにふたをし、かっとうや矛盾をやり過ごしてしまいます。でも、モヤモヤは積み重なっていく……。

「子どもの本当の気持ちをわかるってどういうこと？」私が〝どんな行為にも必ずその子の理由があるはず〟と、その前後に起こった事象を思い返す作業から始めるようになったのは、この頃からでした。ときにはそこにいる子どもたちの目や耳も借りながら、何かひっかかることがあったはず、とその子とともにふり返るようになったのです。

そして、子どもの気になる姿に出会ったときには、〝気の合う友だちは誰かな？〟〝どんなあそびのときに表情が光っている？〟を手がかりに分析をします。とくに幼児は〝友だち〟の存在が大きくなっています。子どもが本当にすっきりとなるのは、友だちにわかってもらえたときでした。い

くら保育者が話を聞いても、『友だちがわかってくれている』安心感や、『みんなの中で楽しい』の実感が、本当に『気持ちを言葉にしてみよう』（みんなに言ってみよう）と思わせるようです。ですから、日頃どれだけ友だちの中で笑っている活動ができているか、が分かれ目なのだと思います。

大人だって、本音がなかなか言えない時代。そんな親たちに育てられ、『こうありたい自分』を感じつつそこにたどり着けないときに、弱音を言うこともできない子が増えているような気がします。だからこそ、今の時代に『本当の気持ち』を伝えて『何とかなった』経験をたくさん積ませてあげたいと思いました。


子どもたちの本当の気持ちを探る保育を追求していくと、では、大人たちは本当の気持ちを言いあえているのか？　という問い直しにもなっていきました。のぎく保育園では、職員同士、親同士でも、本音を言いあいながらわかりあっていく営みがずっと流れています。そんな、人間らしい職場で自分らしくやりたいように保育をし、仲間と学びあえたことは、今の私の財産になっていきます。その財産をけやきの木保育園で、新しく出会った仲間や子どもたちとさらに増やしていこう！

それが、けやきの木保育園の受託開園が決まったときの決意でした。このあと第2部の舞台は再びけやきの木保育園に戻ります。

第2部

「なりたい自分」に向かって 仲間の中でどんどん変わっていく子どもたち

大切にしたいこと
1.自ら考え行動する
2.人の話に耳を傾ける
3.人を思やる心
4.自分へのゆるぎない自信
5.愛されている安心感

「ちょこっと記録」と和田実践

こうして、のぎく保育園での実践と親たちとの濃い時間をしっかりと胸に抱いて、私は二〇〇七年同法人が新しく民営化の受託をして開園した「けやきの木保育園」の園長になりました。民営化の経過は、拙著『保育は人　保育は文化』（二〇〇九年、ひとなる書房）に詳しく述べていますが、新人ばかりの保育者集団で必死の保育が行われました。どのクラスも子どもたちに教えられ、子どもたちとともに職員も成長してきました。

新人が、自分だけで保育をしようとするのはとても苦しいものです。開園保育というものは、全クラスが「はじめまして」の集団なので、その困難さは想像はしていたものの、未熟な職員集団の私たちには、たいへんさと追いかけっこするようなしんどさがありました。うまくゆかないクラス運営に悩みながらも、担任任せになりがちだった保育づくりでは、職員みんなが疲弊してしまう恐れがありました。新園を立ち上げたばかりの職員たちは、民営化受託という特別な使命もあることを自覚して、意気高く休憩中でも子どもたちの話ばかりしていました。そこで、私は子どもの姿をみんなで検討することを提案しました。はじめは自分が困った場面を記録にします。自分の気持ちも赤裸々に描くことも大事にしました。記録からは子どもたちの姿や、そのときどんな気持ちで職員が働きかけたのかがよく伝わりました。記録が集まったら職員会議の中で論議したり、時間が足りないときは、職員会議後の自主記録検討会を何度も行いました。実習ノートのような記録では、書くことが負担になっていけません。そんなとき、職員のほうから「自分たちに書ける記録」の形が提案されました。それが「ちょこっと記録」です。

何があったかを事実のまま書く。そのときどう感じたのかや記録をすることによって改めて気づいたことなどをその下に書きます。基本、書きたい人が書きたいときだけ書いて事務室に提出してくれます。園長と主任はそれに目を通し感じたことを書き加え、おもしろい出来事や、論議が必要と判断した場合は、印刷して全職員に配ります。

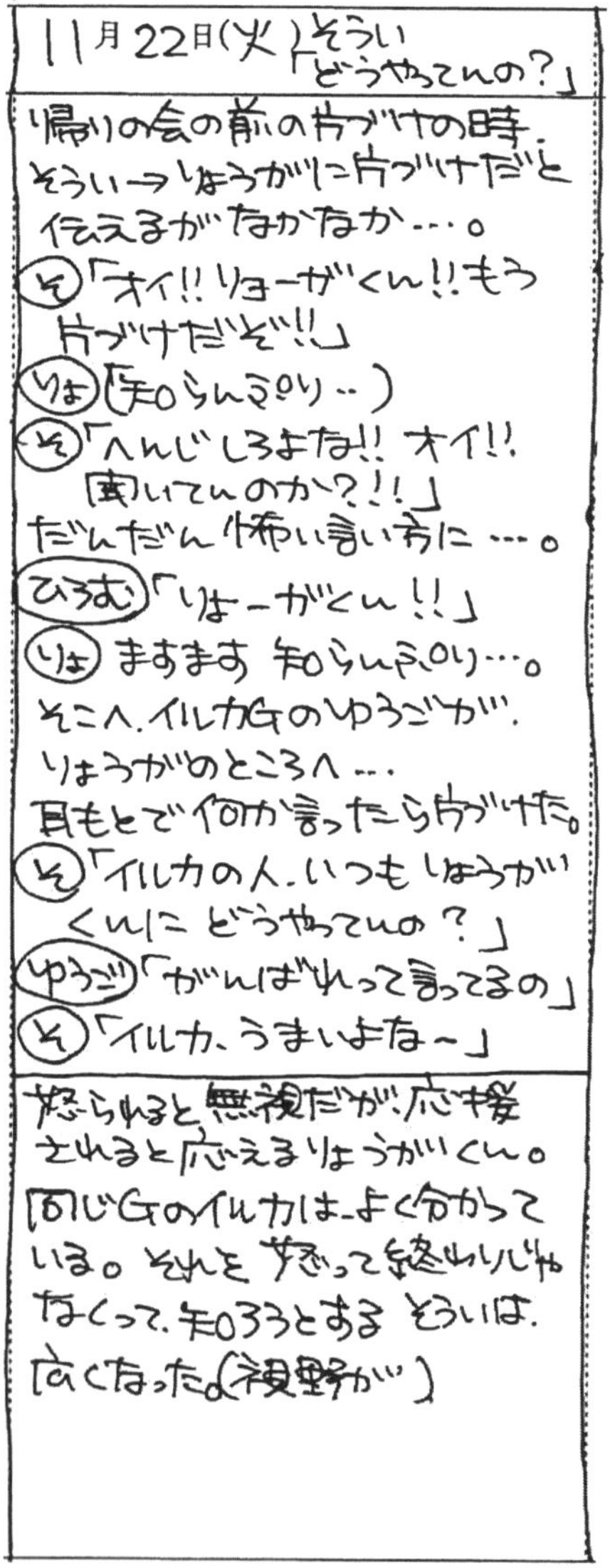
11月22日(火) そうい「どうやってんの?」

帰りの会の前の片づけの時。
そうい→りょうがに片づけだと伝えるがなかなか…。
そ「オイ!!リョーガくん!!もう片づけだぞ!!」
りょ(知らんぷり‥)
そ「へんじしろよな!! オイ!! 聞いてんのか?!!」
だんだん怖い言い方に…。
ひろむ「りょーがくん!!」
りょ ますます 知らんぷり…。
そこへ.イルカGのゆうごが.
りょうがのところへ….
耳もとで何か言ったら片づけた。
そ「イルカの人.いつもりょうがくんにどうやってんの?」
ゆうご「がんばれって言ってるの」
そ「イルカ、うまいよな〜」

怒られると無視だが、応援されると応えるりょうがくん。
同じGのイルカは よく分かっている。それを怒って終わりじゃなくって.知ろうとする そういは.広くなったね(視野が)

そらぐみ（5歳児）ちょこっと記録

11月　1日（火）しょうた・みつき.

各G. 当番活動後のおやつ…
ねこグループ しょうたとみつきだけ
来て座っている。
和「お？みらいちゃんとゆうなちゃんは？」
しょうた「あ～. 呼んだけど来んもん」
和「へ～…お当番やってたんじゃないの？ なんだっけ？」
みつき「水やりだよ」
和「う～ん…わかった、みらいとゆうな あそんでたのか？！」
しょうた「は？！ あそんどらんよ」
和「？ なにしてたの？？」
みつき「水やりしてたよ。」
和「え？お仕事してたの？」
2人「そう。」
和「う～ん…でも. しょうたくんとみつきくんは終わったから. さっさと来たんだ？」
しょうた「そーだよ。しょーたはやったもん。もうやったよ」
和「知ってるって♪ でも 2人はまだ やってるんだね？」
みつき「そうだよ…」
ひろむ. となりで聞いてる.
和「… ひーくん. どう思った？」
ひろむ「そりゃ いかんでしょ？」
みつき→「へっ？」って顔
しょうた→無表情 口をキュっとむすんだ

和「なんでいかんの？」
ひ「だって. 当番でやってるのに おいてきぼりじゃん…」
みつき「あぁ～…」って顔.
和「なるほど。どう？」
しょ「しょーたは やった!!」
和「しってるよ♪見てたよ♪」
しょ「呼んだけど来んかった!!」
和「うんうん。そうだったね」
「でも. グループの仲間もまだ当番がんばり中なんだね…」
「しょーたくん. 当番やってる時に. みんなが先に行っちゃうってどうよ？」
しょ「… いやだ」　和「だよね…」
和「まってるのイヤだった？」
しょ「うん. いやだー」
和「そっかぁ♪ いやか～…」
ひろむ「オレ. 帰りの会の時いつも しょうたくんが片づけるの まってるけど…？」
しょ 無言

あっけらか～んと.
「しょうたは. もうやったもん」って
言えるのは. 逆に笑える。
どこだ？どこの積み直し？
自分とあまり尊重されずにここまで来てしまった？

㊗は、担任の和田保育士　A4用紙をタテ四つに区切り、ひとつの記録につきひとマスかふたマス使って書く

職員会議で論議するときもあれば、「読んだよ」と仲間内で話して共感するだけのこともあったりと、本当に自由です。単純な生活の流れがうまくできない相談から、子どもの内面を深く切り取ってみんなで悩んでしまう記録まで様々ですが、自分の保育を一人で抱え込まず、みんなで共有できたのは、若い職員集団にとってはとても気持ちが楽になるものになったのではないでしょうか？

この春（二〇一二年）卒園したクラスも、「気持ちの表出」に難しさを抱えた集団でした。ちょうど開園して三年目の年から、このクラスの3歳児担任になり、卒園まで持ち上がりで担任した和田亮介保育士の実践は、彼が書き続けた「ちょこっと記録」を全職員で掘り下げながら、みんなで保育の手立てを考えてきたものでした。

第2部は、その「ちょこっと記録」をもとに、悩みながら理解を深め、子どもたちの姿から親も職員もさまざまなことを教えてもらった三年間の記録です。子どもたちは様々な心のかっとうをくり返しながら、大人や仲間たちが「わかってくれている」「認めてくれている」安心感と心地よさをよりどころに、「こうなりたい自分」に向かって今をのり超えていきます。この三年間の記録から、私たちは自分づくりとクラス集団づくりがからみあいながら発展していく道筋を学ぶことができました。また、保育士自身のかっとうと変わっていく様子がありありと読み取れたことも私たちにとって宝物になりました。

I章

3歳児
「なかよしさん」の
いる安心感

こなごなになった自信

＊「何がなんだかわかりません」

「園長、もう何がなんだかわかりません。はぁ〜」と私のところにくるなり和田は気落ちした様子でした。和田亮介保育士、一年間の公立保育園臨時職員を経て開園の年にけやきの木保育園に採用された男性保育士です。その年に一四名採用された法人新規職員のなかでも、もうすぐ三〇歳だった和田は、持ち前の人なつっこさと周囲をニヤリとさせる抜群のユーモアのセンスで、新規職員集団の兄貴的存在でした。0・1歳児の担任をしたあと受け持ちとなった三年目の3歳児保育（みかん組・二〇人　女児一一人、男児九人）が始まったところでした。学童保育の指導員経験もある彼にとって、「3歳児といえども子どもっていうのは、こういうことをしたら必ずウケルものだ」のような、今思えば科学的でもなんでもない自信があったようでしたが、始まって数日でそんな自信は粉々に砕け散ったということでした。

はじめての幼児一人担任で不安はありつつも、「楽しいあそびで引きつけられるさ」という和田の当初の見通しはもろくも崩れ、それどころではない子どものいろんな自己表出に「お手上げ」状態だったようです。でも、こうして園長・主任のもとにSOSを出せるところが、彼のいいところでもありました。日頃の様子を見ていても、確かに大変そうなクラスの様子がありました。後に和田は、たくさんの子どもの生きた証を記録にして私たち職員に投げかけてくれるようになるのですが、この3歳児四・五月期の記録はあまりありません。記録にもできないくらい追い詰められて余裕がない状態だったのがわかります。

＊〝瞬間湯沸かし器チーム〟と〝ダンマリチーム〟

あらゆる感情が過敏で、ちょっとしたことも言葉より先に、すぐに手が出てしまう〝瞬間湯沸かし器チーム〟の子たちがいる一方で、一見おりこうで大人の指示を待ち　ちゃんとやれちゃう優等生だけれども、自分の気持ちにふたをするように黙り込む〝ダンマリチーム〟の子も複数いました。そんな子どもたちを見て、和田は「なんか苦しいな、この子たち」と思ったそうです。

荒れた姿のときは、何があったのかと探ろうとすれば、さらに大暴れで泣き叫び続けるし、気持ちに寄り添おうとしても無表情で一言も口を開いてくれない子どもたちに、和田は「何？　なんなの？　どうしてほしいのさ？」と冒頭の「何がなんだかわかりません」発言になったのでした。

「持ち上がりではない自分に、安心感がないのか？」と思い、一人ひとりと信頼関係が結べるように、何かあるたびに、それはていねいに気持ちを受けとめて、その気持ちを相手に伝えることをくり返しました。そこには、自分の気持ちを言ったら、ちゃんと相手がわかってくれた経験を積んで欲しい」という和田の願いがありました。しかし、一つのことに向かいあっている横で、また新たなトラブルが勃発し、そこに行くとまた別のところで大ゲンカが起こる……。和田曰く「まるでモグラたたき状態」の毎日。トラブル対応に追われる日々に「もう、なんなの？　またそのケンカ？　いいかげんにしてよ！」と思ってしまう自分に、果てしなく落ち込んでいました。

＊みんな、不安感のあらわれではないか

そんなときに、Ⅰ期のまとめ会がありました。けやきの木保育園では、年に四回のまとめ会があります。全クラス＋給食・保健・子育て支援の方針や実践を全職員で検討する会です。他のクラスの実践検討も進めるなかで、和田だけではなく職員たちみんなが、子どもたちの激しい自己主張やゴネの姿に苦戦し、「受けとめるって難しいです」と悩んでいました。

和田は、それまでの職員会議にも〝瞬間湯沸かしチーム〟や〝ダンマリチーム〟の姿を「ちょこっと記録」でみんなに報告し、その分析を職員集団にゆだねていました。和田報告からは、本当に様々な子どもたちの姿が見えました。

すべての表現がヘラヘラフラフラだったり、友だちへのイジワルだったりするこたろう君は、「〝困ったことを誰かに伝える術《すべ》〟を持っていないようだ」と報告されました。「ぼくには、『どうせ言ったって…』とあきらめているように感じる」と和田は言っています。他にも、順番や今はやれないことを理解しようとせず、「イヤダー、今がイイッ」と暴れ泣きが止まらないひろむ君。朝は

笑顔で登園しても、一日の中で何回も爆発してどんな言葉にも耳を貸さずに泣き続けるゆらちゃんは、「絶対に気持ちを言おうとはしない」という報告でした。不安だと殴る、困ると殴る、怒ると殴る、そして最後にはパニックになるたつき君を始め、誕生会などの行事や、楽しいはずのクッキング保育になると、彼らはことごとくこの姿が顕著に表れ、「いちいち不安なんです」とも和田は言っていました。それぞれていねいに姿を報告してくれるので、みんなもよくわかり、困ると能面のようになって一言もしゃべらない〝ダンマリチーム〟も含め、「みんな不安感のあらわれなんじゃない？」と職員たちは感じました。そして、その不安感をよく見ると全部「こうありたい」という願いがセットだと気がついたのです。

「やりたい願いがあるってすてきなことだよね」と私も思いました。「こうありたい自分」があるからこそ、「そうなれないかもしれない自分」を予測して、心配で、でもなんとかしたくってもがいている姿に見えました。「もっと、子どもを信じてみようか」というアドバイスを和田はこう受けとめました。

「ぼく、ちっとも子どもを信じていないじゃんって言われたと感じました。確かに、立て続けに起こるトラブルに『もう、なんで泣くの？』と思っちゃっていました。でも、悲しいから泣くし、不安なんだから暴れるんですよね」（まとめ会感想より）。

そのまとめ会から、和田は「なんで泣くのさ？」という否定的な見方から、「悲しいんだよな。泣いていいよ」の共感を大事に接するようになっていきました。

大人との関係だけじゃダメなのだ　3歳児の発達要求

Ⅰ期のまとめ会までに、和田はもう一つ気が付いていることがありました。それは、「あそびに夢中になっているときは、不思議とトラブルも不安な姿もなく、みんながイキイキとした表情でいるぞ」という実感でした。その実感がまとめ会で整理されたことによって、「そうか、一人だけの受けとめじゃダメなのだ。みんなでとびっきり楽しいあそびをしよう。トラブルの対応も、一対一対応じゃなくって、みんなに聞いてもらうことにしよう」と保育の手立てが見え始めたのでした。実際和田が「あ〜おもしろかった」と散歩から帰ってくる顔は実にいい表情で、そんなときは子どもたちも次への生活の流れもスムーズでした。そこで、夏に向かって和田はみんなが楽しめた絵本「11ぴきのねこ　ふくろのなか」（馬場のぼる作・こぐま社）の「ウヒアハ」に自身がなりきって、得意の追いかけあそびをくり返し遊ぶようになっていきました。「園長！　他のごっこにはまったく入ってこないダンマリチームが、ウヒアハごっこには笑って入ってくるのですよ〜っ」と、和田の散歩報告はとても楽しそうで、親に伝えるおたよりもそんな楽しい様子が、おもしろおかしく書かれるようになっていきました。このウヒアハごっこは、翌年の春までずっと遊び続けることになっていくのですが、どの子も楽しく夢中になって遊べるものを見つけられた和田は、どんどんいろんな姿を記録にして私たちに発信してくれるようになりました。

＊以下紹介する「ちょこっと記録」には、けやきの木独特の言い回しや名古屋弁がたくさん出てきますが、記録者の意図が変わってしまわぬよう、あえてほぼそのまま掲載させていただきます。

記録① 六月一六日（火）

こたちゃんのフラフラ、みんなの中で

こたろう 帰りの会のとき、フワフワ、ヘラヘラしながら棚の上へ。

和田 「あぶないよ。どうしたの？ 何か困ってるね？」

こたろう 「あやめちゃんのとなりに座りたかった…」

和田 「そうかぁ、それでどうしたらいいのかわからなかったのね？」

こたろう 「うん…」

和田 「よし、みんなにも気持ちを聞いてもらおう♪」

「みんなあのね…」とこたちゃんがどうして棚の上に乗っていて席に座れなかったのか、みんなにも話す。

「それで、ドキドキしちゃったんだって」

えみか 「じゃあ、イーレーテーって聞いてみたらいいじゃん♪」

和田 「そっか、なるほど、こたちゃん聞いてみる？」

こたろう 「うん、イ～レ～テ…」この時となりはさきちゃん。

さき 「え？ いいよ、別に」

和田 「よかったねぇ、みんなやさしいねぇ、話聞いてくれてよかったね♪」

じゃあ一コずつお引越しで～す」
七人ぐらい一つずつ横にずれて、席をあけてくれた。
こたろう「ありがとう」
（注・次の文は和田保育士の「考察」。以下同じ）
＊＊＊＊＊＊＊＊＊＊＊＊＊＊
今回ただたんに「みんなにもこたちゃんがどうして棚に乗っていたかを知ってもらおう」と思っただけだったが、子どもたちが思いの他、こたちゃんの思いをしっかりと聞いてくれて、いろんな「こうしたら？　ああしたら？」を言ってくれて、結果みんながこたちゃんを受け入れてくれた。子どもってすごいね！　仲間っていいね、こたちゃん。

こうして、あそびも困ったときの対応も、個別対応ではなく子どもたちに返し、子どもたちに力になってもらう「和田保育」が形作られていきました。そんななかで、〝瞬間湯沸かしチーム〟の子たちも、実は友だちのことをとても意識していることがわかってきたのです。

記録②　六月一六日（火）
ゆらのスッキリ♪
りょうが↓こたろうへのカミツキがあり、手当てのために事務室へ。そこにゆらもついて行った。園長が手当てをしながら二人に話をしているのをじっと聞いていて、園長に「ねぇどうしたの？　何でなの？」と質問するゆら。

園長「お部屋で和田先生がお話するからゆらちゃんも聞いてあげてね」

（みかんの）部屋に戻り、こたろうとりょうがと和田が話しているのを目をまん丸にしてじっと聞いていた。

りょうが君の気持ち、こたちゃんの気持ち、どっちも受けとめ、どっちの思いも代弁し、お互いにスッキリできた。

和田「おや、着がえてない子が三人♪　お着替えできるかな？」

ゆら「ハイハ〜イ♪」とさっさと自分で着替えをし、コップ、口拭きの給食の支度までサッとできた。

＊＊＊＊＊＊＊＊＊＊＊＊＊＊＊＊＊

ゆらちゃんは、着替えの時間が近くなると崩れることが多く、服もお気に入りにこだわってなかなか着替えができない日がほとんどだったのが、この日は「フンフ〜ン♪」と鼻歌まじりで次のことまでサッとやれた。友だちのトラブルを心配、そして結末を見届けてねと頼まれ、スッキリ解決。「ほっ」としたのかな？　とってもスッキリしたんだね。

一日の中で、何度も爆発をしていたゆらちゃんの、友だち思いの一面を見た記録です。私たちはこの記録を通して、「ゆらちゃんの求めているもの」が実は友だちで、安心感ももはや大人（担任）に受けとめられているだけで満足ではないのだ。大人との依存関係だけで満足だった乳児時代から、「友だちと一緒にいたい」という3歳児らしい発達要求の姿を教えられたのでした。まずは安心感をと、和田が一生懸命一対一対応をくり返してもぬぐえなかった不安は、「友だちの中でこうありたい自分」がめばえた姿だったのでは？　すごいね、子どもって。どんどん友だちへ心が向かっているんだね。

毎年3歳児クラスでよく見られる、外あそびのときに気がつくと何人もの子どもたちが保育士のエプロンにすがりつくような状況がありました。私たちはそれを「エプロン星人」と名付け、また「何？　なんなの？」と考えていたのですが、その姿も友だちを求めるようになって、でもうまく関わりあえるかの不安ゆえの姿だと気がつきました。「エプロン星人は3歳児の発達の姿だった！」これも後日のまとめ会で職員みんなで「ガッテン、ガッテン」と机をたたきあった発達の実感でした。

友だちを求めてやまない3歳児

3歳児のすてきな「友だちを求めてやまない姿」に出会ったものの、あいかわらず、人とかかわる力が未熟ゆえにぶつかりあう姿は山盛りでした。しかし、そんな場面でももはや「お手上げ」にはならずに、子どもたち自身の力で少しずつ何かしらの経験が積み重なっていくことが、和田記録から伝わってくるようになりました。

記録③　七月三日（金）
ゆらのバクハツ&こたろうのやさしさ

午睡起き、わかばさん（4歳児）と一緒にプレイルームに盆踊りに。

プレイルームには杉山君（パート職員）が行き、部屋にはまだけっこう寝てる子が多かったので和田が残ることにした。行く？　行かない？　の子が分かれている時間に寝起きのゆら。

和田「いってらっしゃ〜い」と杉山君と他の子を送り出していると突然怒り出すゆら。
ゆら「ギャー！　バカー！」
和田（え？　何？　突然？）
ゆら「ギャー！」床に寝転がって手足をバタバタ…何聞いてもダメ。
和田（あぁ…こうなっちゃうと一度落ち着かないと何言ってもダメだな）
「ちょっとおいで」と抱っこする。少し落

ち着いたので、
「どうした？　何だったの？」
ゆら「行きたかった」
和田「盆踊りに？」
ゆら「うん」
和田「あぁ、そうだったの？　行っていいんだよ♪　行ってくる？」
ゆら「ちがう」
和田「は？　何が？」
ゆら「和田先生がいい」
和田「ぼくと盆踊りに行きたいってことなの？」
ゆら　うなずく。
和田「なるほど、よくわかった♪　ちゃんとお口で言ってくれたからわかったよ」「ねえ、ゆらちゃん…あんなふうにギャーって怒るとわからんわ…お口で言ってくれると、すっごくよくわかるけどね♪」

ゆら　うなずく。
和田「んじゃ、どうする？　一緒に行こっか♪」
ゆら　うなずくも、さっきまで怒ってて気持ちがパッとしない感じ…。
ずっと流れを見ていたこたろうが突然、
こたろう「ゆらちゃん一緒に行こっか？　行ったろっか？」と言ってきてくれる。
ゆらの表情が一瞬「え？」っとなり、そしてとってもうれしそう。
三人でプレイルームに行き、杉山君とバトンタッチ。
＊＊＊＊＊＊＊＊＊＊＊＊＊＊＊＊＊＊
ゆらちゃん、いきなり崩れずに口で言えるようになるといいなぁ…それともボクがサインを見落としているのかな…。
しかし、こたろうのやさしさは何だ？　時々こうやってとってもやさしいこたちゃんになる

…。きっとこれが本来のこたろうなんだよなぁ　とねぇ♪
…。いっぱい発揮させてあげたいな…。ありが

ゆらちゃんの毎日くり返されていた「大爆発」は回数も減り「小爆発」程度になり始めていました。大人だけが受け止めればいいのではない、友だちを求めるのが3歳児の発達要求だとわかっても、一足飛びに友だちの中に飛び込めるのではありません。その勇気は、やっぱり大好きな大人の支えがあって、初めて一歩踏み出せるものでした。そして和田は気づくのです。自分がいけないことをしたときは、カミソリみたいにとんがった荒れをみせるこたろう君も、本来はこんなにやさしい気持ちを持つ子どもなのだということを。そうです。「どんな行為にも理由がある」。とんがる姿にも必ず理由があって、その理由の向こう側には、どの子だってその子らしいやさしさが滔々《とうとう》と流れているのですね。

記録④　七月三〇日（木）
つるみ始めたボーイズ
おやつ後、園庭で築山のほうから、
りょうが「バカー！　ゆうご君バカー！」
ゆうご　「バカじゃないわー！」が聞こえてきた。
見ると、りょうが君が泣きながらこっちに走ってくるところ。
築山にはゆうご、たつき、こたろう、ひろむ。

りょうが君を連れて四人で話すと、どうやら四人のあそびとりょうが君のつもりが違って、あそびが壊れてしまい、もめたようだった。

お互いの気持ちを共感、代弁していくうちに、

和田　「あのね、りょうが君、みんなのことが大好きだから一緒に遊びたいんだよね？」

りょうが　うなずく

ゆうご　「りょうが君『バカー！』って言ったからイヤだったの！」

和田　「あ、そうかぁ。じゃあ、バカって言うのやめたら一緒に遊べるねぇ♪」

ゆうご・たつき・こたろう・ひろむ「うん」

和田　「りょうが君。バカーって言うと悲しいって。バカはやめられそう？」

それから五人でしばらく楽しそうに遊べた。

＊＊＊＊＊＊＊＊＊＊＊＊＊＊＊＊＊＊

大好きな友だちの気持ちをちょっと感じられたのかな？　しかし、つるんで遊べるようになってきたねぇ、ボーイズよ。

〝瞬間湯沸かしチーム〟の男の子たちも、つもりの違いから「バカーッ」の言いあいになることもしょっちゅうでした。しかし、お互いの気持ちを代弁・共感するなかで、あそびのつもりが変わって困った姿がお互いあったことや、そこで「バカーッ」と言わなければひきつづき遊んでもよいと思っていたことなどを、和田は上手に引き出していきました。そして、そんなトラブルの記録でさえも、「大好きな友だちの気持ちをちょっと感じられたのかな？　しかし、つるんで遊べるようになってきたねぇ」と、一人ひとりの個別の姿を注視することよりも、「子ども集団」としてとらえるまなざしが保育者の中に育ってきていることを感じました。

のちに、和田はこの頃のことをふり返ってこう言いました。「I期のまとめ会までは、子どものいいところなんて一つも見えていませんでした」と。「何とかさせよう」という保育者の気負いは、保育からゆとりを奪い、子どもを「どうさせるか」の見方に落とし込みやすくなります。記録も、困った部分や気になる部分ばかりになりがちです。私は、そんな時期があってもいいと思うのです。子どもと同じように、保育者も「こうありたい自分」に向かってもがきながら悩みながら前に進もうと踏ん張る生き物です。でも、「自分はなんてダメダメな保育者だ」と負のスパイラルに陥る前に、「記録」をみんなで考えあうと、違った見方が見えてくる。そして、「どうさせるか」ではない「どう見るか」へ見方が変わると、保育が変わって子どもが変わる。「子どもってすごい」「保育っておもしろい！」と感じられる瞬間こそが、私たち保育者の成分となるわけです。

「気持ちを言って欲しいです症候群」

それでも「気持ちを言葉で伝える」というのは、たやすくできることではなさそうで、かんたんに〝瞬間湯沸かしチーム〟が〝安定給湯〟になるわけではありませんでした。

記録⑤　八月三日（木）

ひろむ「バカー！　ヤダー！」

…。

課業終わって部屋に戻ってきて着替えの時間

和田　「わぁ！　スゴイ！　何も言ってないのにもうお着替え始めてるの？」

と、すでに着替えを始めている子たちをほめて「みんなお着替えできるかな～？」とまだの子たちに声をかけていると、

ひろむ「和田先生バカー！」と突然怒る。

和田　「何？　何がバカーだったの？」

ひろむ「和田先生バカー！　ヤダー！」

和田　「何かイヤだった？　教えて？」

ひろむ「バカー、ちがう、ヤダー！」…このくり返し。

和田　「あのね、ひー君、バカー！　とかヤダー！　とか言わなくてもちゃんとお話してくれれば先生聞くよ。お話できるまでちゃんと待ってるから大丈夫。ひー君、どうしたかったの？」

ひろむ「和田先生、一緒にお着替えして…」

和田　「うん、いいよ。一緒にしよう。そうやって言ってくれるとうれしいな。よくわかる」

ひろむ「うん…」着替えをしながら、

和田　「ねぇ、ひー君、もしかしてひー君がまだ着替えてないのに、他の友だちのことをスゴ～イってほめたのがイヤだったの？」

ひろむ「…え？」

見守られながら、もうルンルンでやる気で着替えている。

＊＊＊＊＊＊＊＊＊＊＊＊＊＊＊＊＊＊＊＊＊＊＊＊

バカー、ヤダー、じゃなくって、本当は何を伝えたかったのかな？　本当に一緒に着替えた

かっただけ？　違う気がするんだけどなぁ…。　なるよ。
すぐにルンルンになっちゃうのもとっても気に

何か、想いが違ったり不安に感じたりしたらとりあえず怒りまくるのだけれど、怒りの根幹にたどりつくまでに、気分が変わってしまうのは、他の子でもよく見られました。そんなに悲しかったのなら、そんなに嫌だったのならば、とことんこだわってもいいのに……。

「感情がツルンとしている」。

そんな感じを受けるのでした。瞬発的に怒りわめくけれども、保育者が対応すると「えっ？　もういいの？」とさっきまでの荒れた姿などなかったかのようにフワ〜っと普段の生活に戻る子たち。おいおい、そんなに大きなことではなかったの？　なのにあんなに暴れたの？　または、あんなにつらかったことなのに、もう忘れてしまえるの？　と私たちは首をひねることがよくありました。

〝ダンマリチーム〟も困難さは同じでした。

記録⑥　八月一日（火）
りひとの本当の気持ち

夕方の園庭でお団子づくり。えみか、あやめ、さき、みゆ、ゆうな、りひと。他の五人はせっせと自分のお団子をつくりながら「オオキクナッタヨ」「ツルツル♪ ホントツルツル」などと見せあったり、比べたりしながらつくっているが、りひとはそばでジッと見ているだけ。何度か誘ってみるが、やろうとはしなかった。

片づけのとき、えみかが「りー君がお団子壊した…」と言いにきた。聞くと、いきなりお団子を叩いてきたらしい。

和田 「りー君、えみちゃんの団子壊しちゃったの？」
りひと 目を閉じて薄笑いでうなずく。
和田 「どうしたの？ 何で壊しちゃった？」
りひと ヘラヘラしているだけ。
和田 「あのね！ ちゃんとお話聞いてください。えみちゃんとっても悲しそうな顔だよ。どうして壊しちゃったか教えて?!」
りひと ヘラヘラは止まるが目は合わず…。
和田 「わざとイジワルしちゃったの？」
りひと 「……」
和田 「何かイヤなことあった？」
りひと 「……」
和田 「ただイタズラしただけ？」
りひと 「……」
和田 「本当はりー君もお団子欲しかったの？」
りひと うなずく。

＊＊＊＊＊＊＊＊＊＊＊＊＊＊＊＊

本当は何だったのだろう…。後からもう一度聞いてみたが「……」のまま。自分の気持ち、言葉にできないのがとっても苦しいなぁ…。せまりすぎかなぁ…。う〜ん…。

記録⑦　八月三日（木）

さきちゃんの涙とグダグダ…

・スプーンが落ちてしまって涙
・おかずが食べられなくって涙
・ゆうご君に「どいて」と軽く言われて涙
・バンドエイドがはがれて涙
・虫さされがかゆくて涙

とにかく、ことあるごとに泣けて泣けて泣くことでしか伝えられない姿。「どうしたの?」と、抱っこでゆっくり向きあうと話してくれるが…。そして「和田先生～、和田先生がイイ～」と半ベソのような顔と声で言い続ける。

和田「さきちゃん、そんなふうに言わんでも、『和田先生、一緒に遊ぼ♪』って言ってくれれば、先生『イイヨ♪』って言うよ。大丈夫だよ、心配しないで」

と言うと、ものっすごくうれしそうな顔。でもまた「和田先生～…」って。

＊＊＊＊＊＊＊＊＊＊＊＊＊＊＊＊＊＊＊

ハキハキと自分の気持ちを伝えられるさきちゃんと、泣くことやグズグズすることでしか伝えられないさきちゃんとがいる。どんなときにそうなるのかはまだ分析できていない。

「大丈夫だよ、ちゃんと聞くよ」とその都度ていねいに受けとめていこうと思うが…。原因は何だろう。ボクにゆとりがないと、こういう姿になってしまう気もする。この日は崩れる子が多く、不安スパイラルになっていた気が…。

この、気持ちがなかなか言えない姿は、実はクラスのほぼ全員がそうではないかというくらい多く見られ、和田はとても気にしていました。私もそうなのですが、「本当の気持ち」を大事にするあまり、保育者は「気持ちを言って欲しいです症候群」になりがちです。こちらがいくらそう思っても、本人が言いたいと思えていないのに無理やり気持ちを言わせると、「吐いたら楽になるぜ」の取調室になってしまいますから、そこは、私も和田もお互いに「注意警報」を発令しながら、和田は「さ、遊ぼ、遊ぼ♪」と楽しいあそびをふんだんに心がけていきました。

運動会も、クラスみんなが春から楽しんできた「ウヒアハ」の登場を盛り込んで、「恥ずかしい」とかも吹き飛ぶくらいの「楽しくってたまらないあそび」を、夏からずっと仕掛けて同じイメージの世界で遊びこんでいました。

記録⑧　一〇月六日（火）
あやめ「ウヒアハがねぇ～♪」

お迎えのとき、お母さんの姿を見て、
あやめ「お母さん、今日ウヒアハがきてね、それでね、じゃがいも持ってっちゃって、それでね…」
と息を切らして今日の出来事を報告。
小学生のお兄ちゃんが「えぇ～、和田先生がウヒアハだよ」と言ったのに対しても、
あやめ「ちがう、ちがうよ。ウヒアハだよ。じゃがいも盗まれたもん。みんなでゆるせ～ん！　って怒ったんだよ」
とウヒアハとアホウドリの手紙を見せながらお母さんに伝えていた。
お母さんもうれしそうに聞いていた。
＊＊＊＊＊＊＊＊＊＊＊＊＊＊＊＊＊
いやぁ、いい表情だったなぁ♪　お迎えのと

き、いつも甘えんぼモードに入っちゃって、グジグジしていることが多いけど、すごくイキイキと今日の出来事を話していた。お兄ちゃんの言葉にも動じないよ♪　あやめちゃんがこんなにハマるとは意外だった♪　こういうの好きなんだねぇ。〝み～んなと一緒〟ってのが恥ずかしがらずに世界に入っちゃえるポイントかな？

ウヒアハごっこに夢中

この報告をしてくれる和田自身が、めちゃくちゃうれしそうだったことが印象的でした。月齢も高いあやめちゃんは、後にクラスの仲間誰もが慕い頼りにする存在へ成長するのですが、この頃は、ダンマリチームの中心人物で、明らかに想いがあるのに、体をくねらせては困り笑いを浮かべてその場をしのぐタイプでした。そのあやめちゃんが、ウヒアハの世界に夢中になって、みんなの中でキラッキラといい顔で「きっと、みんなのことを見ているんだよ」と発言をするようになっていました。あやめちゃんだけでなく、クラス全体が一つのあそびに夢中になっているなかで、こたろう君にも変化が見えました。

みかんだより

お休み
みつきくん
たつきくん
なおちゃん

10.7.水く　文責：和田

ウヒアハ!! ゆるさなぁ〜い!!

昨日、みんなで探険して、やっと見つけたジャガイモ。ところが、みんながお昼寝している間に、なんとウヒアハが盗んでいってしまいました。

「セッカク サガシタノニ!!」「ウヒアハのバカチン!!」とみんな怒り心頭!!

そんな中での今日のウヒアハとの対決!! みんな燃えました!!!

ジャガイモ カエセ〜!!

いつものように物影から和田が「ウヒヒアハハ」とウヒアハ帽子をかぶって登場すると、みんな声をそろえて、
㋙「ウヒアハ〜!! ジャガイモ カエセ〜!!」
㊐「ジャガイモ返して欲しければ、オレサマと勝負だぁ〜。」
㋙「マケナイゾ〜!!」とやりとりにも熱が入ります。

今日は3番勝負!!
リズムのウサギとリズムの自転車、そして、運動会の歌声対決!!
どの勝負も子どもたちの勝ち♫
「ヤッタァ〜!!」と喜んでいる間に、こっそりウヒアハは帰ってしまい、じゃがいもを返してもらうのを忘れていた子どもたちです(笑)

巧技台のよじのぼり&ジャンプもしました。日に日に巧技台の高さが高くなっていくのですが、子どもたちのやる気はすごい!! 腕の力と、足の親指の力を使って、高い巧技台も一生けんめい登っていきます。

いつもは、グループごとに、一斉にやっているのですが、今日は、「1人ずつやってみたい…」の声にみんな賛成!! 一人ずつ名前を呼ばれるのを、ワクワクと待ち、かっこよくジャンプを決めるのでした。

ゆうなちゃんが 跳んだ!!

やったよ♪


見合いっこの時は、高い巧技台に足がすくんで、登ることも、跳ぶこともできなかったゆうなちゃんでしたが、今日は、みんなに応援され、「パワ〜〜」とパワーも分けてもらい、何と一番高い台に見事よじのぼり、そしてジャンプ!!

「ユウナチャン スゴーイ」とみんなに拍手され、照れながらも、なんともイイ顔でみんなの中にチョコンと座るゆうなちゃんでした。　やったね

心のひだひだができてくる

記録⑨　一二月一四日（月）

こたろう「ドキドキするかもしれん」

夕方部屋に入ったところでこたちゃんと、

和田「ねぇねぇ、明日は和田先生夜番だで、午前中いないって言ったじゃん」

こたろう「…うん」

和田「しかも、リズムなんだけどさぁ、やれそう?」

こたろう「ドキドキするかもしれん…」

和田「だよねぇ（笑）ドキドキするよな」

「ドキドキするとどうなっちゃいそう?」

こたろう「……」

和田「ウワァ～って走り回っちゃいそう?」

こたろう「うん…」

和田「じゃぁさぁ、ドキドキしてきたぁ…って思ったら、胸に手をこうやって当てて座ってごらんよ。それで、ドキドキが小さくなるまで休けいすることにしてみたらどう?」

こたろう「うん、そうする♪」

和田「うん、ドキドキしたら休けいしていいんだからね♪」

＊＊＊＊＊＊＊＊＊＊＊＊＊＊＊＊＊

翌日、こたちゃんにどうだったか聞いたら

「ドキドキした」「ウワァ～って走っちゃった」って笑顔で…。そうかダメだったか…。でも明日のこと見通して、ドキドキするかもってか？

言えたね。よしよし。次またがんばろうな…。ダメな自分も言えてよし！　とする…。いいの

心の支えである和田が休みだったり、夜保育の当番で昼出勤だったりするときに、どうしようもなく友だちにあたったり、場をめちゃくちゃにしてしまうことが多かったこたろう君だったので、そんな日の前にはあらかじめ「そんなときはどうするか」の相談を和田から持ちかけていたようでした。その子の何が不安感になるのかを、和田はだんだんつかめているように感じました。

一口に〝不安感をぬぐって安心感を〟といっても、一人ひとりその理由は様々でした。この子は、次に何が起こるのかの見通しが持てないときに心配になる。この子は、お楽しみのイベントなど、いつもと違うときが苦手のようだ。この子は不安はあるものの、今はこの友だちが心の支えになるらしい、等です。

こたろう君は、見通しが持てていると大丈夫な子だということもわかってきたので、緊張してしまう誕生日会の集まりなどでは、イラストで会の流れを描き、「今は歌を歌ったから、次はパネルシアターだね。それが終わったらおしまいだ」と、特製のイラストプログラムカードを流れに沿って指で確認しながら一緒に楽しむと、ちゃんと最後まで座っていられたのでした。

そんなていねいな働きかけをしていると、「こうすれば、オレは大丈夫」という自信のようなも

のもついてくるのか、こたろう君は次第に暴れたり友だちにいじわるをしたりしなくても、「ドキドキするかもしれん」とか、配慮のいる友だちにだけ目印に貼っていた座席シールも「オレだって、シールはってほしい」など、ＳＯＳが言葉で伝えられるようになっていきました。その背景には、ゆうご君というこたろう君にとって大切な友だちの存在が大きくなってきたこともありました。ゆうご君を求める気持ちを隠さず、ゆうご君のために怒るこたろう君の記録も出てきたのもこの頃です。そして、自分の気持ちを感じて言語化できるようになると、今度は他者の想いにも気づけたり考えたりする姿もあらわれました。

こたろう君が３歳児だったこの年の春まつり（二月に幼児で行う劇あそび発表）。５歳児で仲間のためにやりたい気持ちはしっかりあるのに、どうしてもせりふの言えないゆきと君（同じクラスのひろむ君の兄）がいました。５歳児クラスでは、ゆきと君のはずかしさを克服するために、仲間たちがあの手この手を考え提案しました。

「お客さんがよく見えないように、お父ちゃんのサングラスを借りよう」

「そうだ、前を見るとはずかしくなるから、後ろ向きで出ればいい」

「そんで、鏡を目の前にぶら下げれば、ゆきとの顔はお客さんに見えるぞ」

〝ゆきと君が一緒にやってこそのそら組（５歳児）の春まつりなのだ〟という、仲間の気持ちに、一番応えたいのはゆきと君だったでしょう。仲間のアドバイスを試したりして、「これなら

（台詞を）言えるかもしれん」と顔を輝かせ、練習では見事に言ってのけるゆきと君に、周囲は期待をしました。しかし、ついにゆきと君は、本番では台詞を言うことはできませんでした。「がんばっても言えないこともあるのだ」とそら組の仲間や私たちは受けとめたのですが、よくわかっていない3歳児のなかには、「なんだよ～」とあからさまにがっかりする子がいました。そんななか、和田はこたろう君の発した一言に驚きます。

「ドキドキしているんだと思う」

がんばっても言えなかったゆきと兄ちゃんの姿を、こたろう君はじっと見つめていました。そして、ゆきと君を見つめながらそう言ったのです。和田は、「こたちゃんって、本当はすごく人を見ているんだ、わかっているんだ」と思いました。その報告を聞いて、私も心が震えました。モヤモヤした感情があっても、怒りだったり、フラフラと動きまわることでしかあらわせられなかったこたろう君の一年前。その気持ちを自分で感じ、どんな自分でも受けとめてもらえる大人と、一緒に遊びたい友だちの存在から、「こうすれば、大丈夫」の自信を一個一個積み重ねている最中のこたろう君でした。その根っこには、他者の気持ちにも想いを馳せられる力がしっかりあることをこたろう君が教えてくれました。ステキだ！　子どもたち！

受けとめられた子は、友だちの気持ちにも感じる心が芽生えている。ツルンとした感情だった子どもたちの心に、ひだひだができてきているような感覚が、和田と私たちにはありました。当のこたろう君は、春まつり本番でゆきと君以上に大緊張がはじける形でふざけが止まらず、あろうことか舞台上で、ウヒアハ役の八千代主任に向かって、「うるせー、くそばばぁ」などと暴言を吐いてしまったのでした。これには、お母さんもがっかりで、きびしく怒ろうとしてらっしゃいましたが、和田はその直後に春まつりの絵を描いているこたろう君から「がんばりたかったけど、ふざけちゃった…」という本音も聞いていたので、「今のこたろう君の精一杯の姿だったのだよね」と話していました。

立ち直りの力

友だちの存在が、次第に大きくなっていったのは、こたろう君だけではありませんでした。一緒に遊びたいけど、「イレテ」がなかなか言えずにエプロン星人になっていた子たちですが、もうすぐ4歳児のこの時期には、それぞれにあそびや感覚の合う「なかよしさん」が明確になって、そこが安心感にもなっていきました。関係ができれば、当然お互いのつもりの違いやすれ違いが生まれてくるものですが、そんななかでもついてくる力があるようでした。

記録⑨　一月一九日（火）

ゆらの立ち直り、りのあの気持ち

給食前の時間、りのあとゆらが揉めている。

しばらく様子を見守っていたが、ゆらが蹴り始めたので間に入る。
りのあ「イヤなんだも～ん！」
ゆら「りのあちゃんバカ～！」
和田「二人ともどうしたの？　悲しい顔だね」
ゆら「バカー！」と言って蹴ろうとする。
和田「蹴るのは違うよ！　言ってごらんよ…」
ゆら「イヤって言うからだわ～！」
和田「何を？」
ゆら「……」
りのあ「ゆらちゃんがお母さんやってってって言って、りのあちゃん、一回だけねってって言ったんだもん。りのあちゃんジャスコも行って動物園も行って、ゴハンもしたもん。もうお着替えだもん」
和田「あぁ、二人でお家ごっこやってたの？」
ゆら・りのあ　うなずく。
和田「それで、りのあちゃんがお母さんだったんだ♪　そんでりのあちゃんが、もうおしまいって言ったのが…？」
ゆら「カナシイ…」
和田「そっかぁ～」
「りのあちゃんは何でおしまいなの？」
りのあ「もうお着替えだもん。りのあ、お母さん、今はもうやりたくないのって言ったよ」
和田「あぁそっか、お着替えの時間だもんね」
「そうなんだって、ゆらちゃん」
ゆら「……」
和田「もうすぐご飯だしね」
「ねぇねぇ、りのあちゃん、ご飯の後またやるのはいいの？」

りのあ「いいよ」
和田「だってさ。ゆらちゃん、どうする？　ご飯の後またやろうねって約束したら？」
ゆら「イヤダ…イヤダ…！」「バカ…バカ…」
和田「もっとやりたかった？」
ゆら「バカー！　ウワァ～！」号泣。
和田「悲しかったね。でもそんなときもあるよ。しばらく泣いてな。いいよ…」
ゆら「ギャー！」
五分ぐらい泣いて、落ち着いていった。
和田「お、涙止まったね。お着替えしちゃいなよ」
で、自分で着替え、当番もやれた。

給食のおかわりのとき、
ゆら「ゆらちゃん、りのあちゃんにもうゴメンネしたもん♪」
和田「ほんとぉ！　ちゃんと言えたんだ」
ゆら「へへへへ」
＊＊＊＊＊＊＊＊＊＊＊＊＊＊＊
ちゃんと立ち直りの力が育ってるなあって感じた。ゆらは泣いて落ち着いていくんだな。友だちの気持ちにもこうやって気づいていってほしいな。りのあは、自分の気持ちをとってもステキに言えるようになったなぁって思う。大切に友だちにも伝えていきたい。二人の関係はステキだなと思う。

ゆらちゃんの泣き暴れはすさまじいものなのですが、和田はこのとき、いっときも早く泣きやませようという「どうさせるか」の見方ではなく、「あぁ、わかっちゃいるけど悲しいのだね」と受けとめつつ「よし、泣きなよ、そしてどうするのか自分で考えられるよね」と間をおきました。この頃になると、「突き放された」とますます荒れることはなく、泣いている場ですぐそばに和田がいなくとも、和田の気持ちが途切れずずっと自分を見守ってくれていることを確信している子どもたちになったのだと思いました。

Ⅱ章

4歳児

みんなが聞いてくれる わかってくれる

ステキな自分への挑戦

4歳児わかば組に進級し、それまでの二〇名から二三人（女児一三人、男児一〇人）の集団になりました。友だちを求めながら成長する子どもたちも、4歳児になると「もうわかば組さんだから」と急に誇り高くなるような気がしました。「昨日」や「明日」といった時間認識も広がって、「みかん（3歳児）のときにはできなかったけどさ…」という言葉も出始めてきました。そんなとき子どもたちは、ちょっと難しいことへの挑戦に夢中になっていきます。「ステキな自分」へのあくなき挑戦が始まるのでした。

のぼり棒・うんてい・鉄棒にみんなが夢中になりました。もはや、3歳児時代の「雰囲気でなんとなく一緒に」ではない、「ちゃんとやりたい！」と〝練習〟する感じです。そのハリキリは手にできた「がんばりマメ」となって表れ、子どもたちにはわかりやすい勲章となりました。リズムではふざけて参加しなかったり、昼寝は眠たいくせに暴れて寝ないことの多かったたろう君も、「リズムをがんばると足の力がついてのぼり棒ができるようになる」とか、「昼寝をすると大きくなるんだって」と「科学的」に因果関係をとらえるようになった仲間の中で、リズムに向かい午睡も自分からするようになっていったのでした。そんなふうに、子どもたちの中に納得と共感が広がっていきました。

記録⑩　四月一二日（月）

ゆらちゃん、もっと上手につくりたい

　折り紙の製作中、なんだか曇った表情…（大好きな製作なのにな…?）。あえて聞かずに他の子と作品を見ながら目線だけ送る。

和田「じゃあ、できた子から持ってきてね〜」

　と集める。

　ゆらもやってくる（くもった顔のまま…）。折り紙はしっかりつくってあったが何度も折り直した跡が…。

和田「がんばってつくったね♪」

ゆら「がんばってないわ!」と言って折り紙を入れて行ってしまう。

その後もくもった顔で和田をチラチラ見ている。

（あ、崩れるパターンかな…。でもここで腫れものみたいに扱われるのもイヤなんだよな…う〜ん。もうちょっと待とう。）

　みんな着替えが始まった頃、

ゆら「もう一回やりたい…」

和田「うん。いいよ。がんばれ♪」

ゆら「がんばるわ!」

＊＊＊＊＊＊＊＊＊＊＊＊＊＊＊

　折り紙が終わって晴れ晴れした顔であっという間に着替えた。言えたねぇ…崩れんかったねぇ! 心揺れてたねぇ! 信じてよかった。

給食の時一緒にふり返った。

一方で、まだやれていない自分を見せられず、誰もいないときだけこっそり練習をするりひと君や、「できんもん」「やれんもん」とすぐにあきらめてしまうみゆちゃんが、「でも、やってみたいの」とかっとうする姿などもありました。和田は、周りもよく見えるようになってきたところでのかっとうも、「自分が必要と感じたときに、ふざけたり暴れたりひるんだりせず、自分で向かってくるのだな」と感じていました。

のぼり棒やうんていは、初めから全部できなくても、「昨日よりももっと登れた」「あと五本で向こうまで渡れるようになる」などの目標や、やれた成果が見えやすいところが、4歳児にぴったりだと思いました。これは、その前年の川元保育士の4歳児実践で、職員集団としてつかんでいる確信でした。川元の4歳児でもささいなことで荒れる集団でしたが、4歳児の運動会で取り組んだ「壁のぼり」が、「こう、足をかけたらやれた」「腕の力が強くなると、高い壁も登れるんだ」と4歳児のふり返りの力とぴったりして、とても子どもたちが生きいきとしたのでした。だから、この報告を職員会議で和田がすると、みんなが「はは～ん」と川元の壁のぼり実践を思いだして「やっぱりね」と確認しあえる感じが、私はいいなと感じていました。

〝瞬間湯沸かしチーム〟の子たちは、自分の自信をつけるなかで、「○○だけど、△△だ」と自分で折りあいをつけようとがんばり始めていました。そして、直情的で怒りを覚えると制御不能になってしまう自分のことも、客観的にとらえてガス抜きをする方法を和田と一緒に考え始めていました。

記録⑪　五月六日（木）

たつきおこりんぼスイッチ①

朝の園庭でかなえとトラブル。もえかにイジワル（?）をしていたかなえに向かい、腕をグッとわしづかみに攻撃をしたようだ。

和田　「たっちゃんさ、ダメだよって教えようとしたんでしょ?」
たつき「うん」
和田　「そっかぁ…でもかなえちゃんイタそうだったな…」
たつき「…うん」
和田　「グッ!　ってやって、かなえちゃんどうだった?」
たつき「怒った」
和田　「だよねぇ…。どうするといいかな?」
たつき「お口で言う」
和田　「うん。そうだねぇ。ちゃんとわかってるね」
たつき「でもたっちゃん、なっちゃうんだもん」
和田　「ん?」
たつき「ガオーってなっちゃうの!」
和田　「そうかあ…おこりんぼスイッチがパチって入っちゃうのか」
たつき「おこりんぼスイッチ～（笑）へんなの～」
和田　「たっちゃんがおこりんぼスイッチ入って困ってたら、パチパチって先生や友だちが切ったるな」
たつき「エへへ～♪」
和田　「たっちゃん、自分で切ってもいいよ♪」
たつき「うん!」（スイッチを切るマネをする）
＊＊＊＊＊＊＊＊＊＊＊＊＊＊
ちゃんと自分のことふり返ってわかっているんだね。わかってるけどやっちゃった…だんだ

んもっと認識がすすむと「ダメな自分」感じて苦しくなるよね…。

何かわかりやすくて、自分で落ち着ける方法探してってあげたい。

記録⑫　五月六日（木）

たつきおこりんぼスイッチ②

夕方、部屋でゆうご、こたろうとブロック。「チガーウ！」とたつきの叫び声。「ウルサーイ！」とこたろう。

和田「たいへんだ！　たっちゃんおこりんぼスイッチが入ってるぞ！　切ってあげるね」（パチパチ背中のスイッチを切る）

和田「お?!　だんだんやさしい顔になってきましたよ。見て、ゆうご君こたろう君…」

たつき思わず「エヘヘ」。つられてこたの顔もやわらぐ。

和田「お！　こたちゃんのおこりんぼスイッチも切れたね…よかった」

「ワハハハ」三人とも笑顔。

和田「で？　どうしたの？」

ゆうご「たつがこたのブロックとったの」

和田「ふ〜ん。欲しかったんだ？」

たつき「うん」

和田「ちょうだいって聞いた？」

たつき「ううん…」

和田「あらら…どうするとよかった？」

たつき「かしてって言えばよかった…」

そんなやりとりを聞いているこたろうが、「はい、もう使っていいよ」

たつき「うん、ありがとうこたちゃん」　といいなぁ…。集中すると極端に視野が狭くなるのも気になるところではある…。
＊＊＊＊＊＊＊＊＊＊＊＊＊＊＊＊＊
カ～っと血がのぼるのを切るきっかけになる

たつき君は、その後どんどんやってしまったあとに「しまった」の表情が増えていきました。こたろう君もまだ緊張すると、いても立ってもいられなくなる場合が多かったのが、「何とかしたい」姿に変わっていました。崩れるときはあいかわらずとことんまで暴れますが、そこから折りあいを探すようになってきたのです。

こたちゃんの「絵手紙」

Ⅰ章のるい君（二七頁）の気持ちをほどいたように、けやきの木保育園では、激しく泣き怒ったり、なかなか何があったのかを語ろうとしない子どもに、よく絵を描いて気持ちの整理をするようになっていました。それは、私だけでなく困ったときに職員たちもよく使う方法となっていきました。中でもこたろう君は、入園以来何度もいろいろな職員から絵で気持ちを整理してきた子でした。そんなこたろう君が４歳児のある日、おもしろい姿を見せてくれました。

朝、園庭からこんな声が聞こえてきました。
「こたちゃんがとった」「こたろうがやった！」「こたちゃんに蹴られた～」

私が様子を見に行くと、遊具のところでふてくされた様子のこたろう君がひとりたたずんでいました。その日は和田がお休みの日でしたので、私は「どうした？　園長さん が話聞くよ」と声をかけると、こたろう君は「園長さん、今日はオレ自分で（絵を）描くわ」と私の机に自分から向かっていきました。私の机で、私のペンを使って描いたのは、泣き顔の自分の絵とおぼえたてで鏡文字が混じりながらも懸命に書いた手紙でした。

「わだへ
　まていました（待っていました）
　いなかったのでしんぱいしました　　こたろうより」

そう書かれています。人との関わりが不器用だったけれど、信頼できる大人をよりどころにしながら、友だちとも豊かに関われるようになってきたこたろう君でした。しかし、「和田先生がいない」今日は、どこか不安で心配なのだという彼の気持ちがストレートに私に伝わってきました。

私は、「そうか、こたちゃんありがとう。園長さんよくわかった

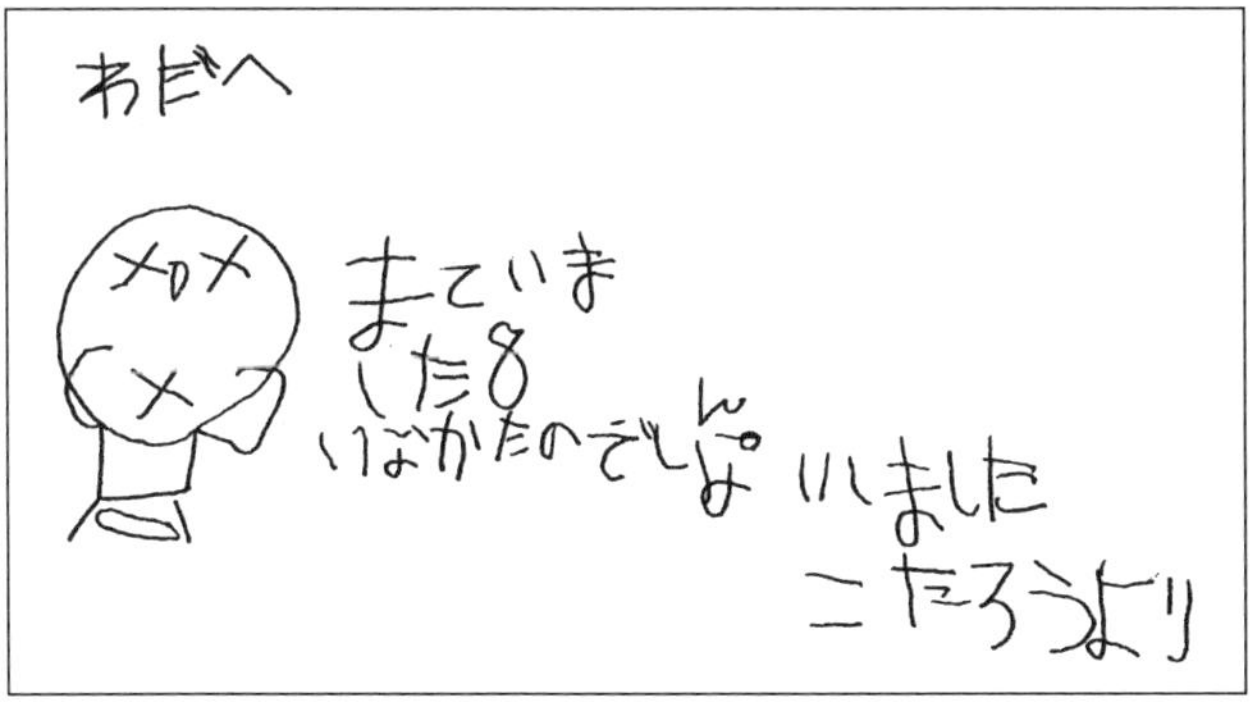

よ。でもさ、友恵先生も園長さんもこたちゃんが困ったらすぐに助けに行けるから安心してね」と伝えました。とがったまなざしは、すっかりま～るくなっていました。もう給食の時間になっていました。さんざんみんなに悪いことをしてしまっていたので、ばつが悪いのか「オレ、園長さんの部屋で給食食べたい」と言ってきました。そこで、事務室で給食を食べる準備をしていると、クラスの仲間が二人「こたちゃん、どうしたの？」と様子を見にきてくれました。こたろう君が事情を話すと、二人は「そうか、じゃあオレたちもここで一緒に給食を食べたるな」といってくれ、その日は三人で楽しそうに事務室で給食を食べていました。

楽しそうな声が聞こえて安心していると、こたろう君から「もっと絵を描きたい」と言ってきたので驚きました。そこで描いた絵は、きれいな色を何色も使って自分と一緒に給食を食べてくれたりょうが君とたつき君そして、私と八千代主任が描かれてあり、いつも怒られてばかりの八千代主任にはダンゴムシをくっつけて描き「きゃー」と台詞も入れているのが笑えました。目の前には大きな池、空には雲や虹まで描かれてあります。

私はその絵に「こたろう　とがった心が丸くなった食事後」とメモをしました。すると「もう一枚描く」といって描いたのは、りょうが君とたつき君と自分が並んで給食を食べている絵でした。その絵を見せながら「三人で給食を食べた。心配じゃなくなった」とお話をしてくれました。うれしかったのでしょう、絵の横には「あ、これも描こう」とハートマークまで描いています。大好きな和田先生が休みだという不安を、誰にも言えず友だちにあたっていたときとは明らかに違うこたろう君の気持ちが絵にあらわれているなと思いました。本当の気持ちを自分で絵にして大人がわかってくれ、心配してくれた友だちにも伝わったことが、「心配じゃなくなった」という言葉にあらわれています。

「よかったね、こたちゃん」と思っていると、「ねぇ、もう一枚描いてもいい？」と言って描いた四枚目の絵が傑作でした。波に乗っている和田の絵です。

「和田先生のサーフィン。どうせ今ごろやっているわ」というコメントでした。

和田はサーファーなので、この頃休みにはいつも海に行っていることを、子どもたちはよく知っていました。こたろう君はわかっていたのです。

和田は、前日にはきちんと「明日は休みであること、自分の代わりには友恵先生が入ってくれること」を子どもたちに伝えていました。だからきっと今ごろ和田先生は海に行っているのだろうな、とイメージをしつつも、心の支えである和田がいない心もとなさを、どうすることもできなかったそのときのこたろう君だったのです。

翌日四枚の絵を見て、和田はうれしそうでした。気持ちを整理するお手伝いを、職員が絵に描いて頑張ってきたことが、こうして子どもが自ら描く力になっていることも、私はとてもうれしかった出来事でした。

もちろん、こんなにもいろいろな気持ちを抱えて生きている子どもなのだということも、忘れてはいけないのです。

　また、〃ダンマリチーム〃だったあやめちゃんは、「みんなのところに入りたい」「でもきっかけが…」「でも　入りたい！」という気持ちがわかりやすくあらわれるようになっていきました。そして、のぼり棒やうんていができた自信は、そのまま夏のプールの顔つけにもつながり、そんなまぶしい自信が「和田先生おいかけっこしよう！」と友だちの中へ飛び込めるようにもなっていきました。そして、やはりそこには、ゆうなちゃんという友だちがいるのでした。イベントやお楽しみ企画でドキドキしたり暴れたりする子たちも、そんな姿がぐっと減ってきました。

　〃楽しいことと友だち〃これがあれば大丈夫、そんなふうに感じ始めていた和田ですが、後に彼が「暗黒時代」と名付ける、えみかちゃんとりひと君の二人だけの閉じた関係もこの頃から始まっていました。

二人だけの閉じた関係？

　りひと君とえみかちゃんは、3歳児の四月から途中入園した仲間同士でした。〃ダンマリチーム〃の横綱的存在だった二人は、いつも仲よくしていたここあちゃんが4歳児の夏に引っ越しで転園してしまってからというもの、いつでもどこでも二人だけで行動するようになっていました。先に登園してきても、もう一人が登園するまでは、じっと玄関のベンチで座って待っているという具合です。みんなのあそびに誘っても、えみかちゃんは笑って首をかしげるだけ、問題が起こると、りひと君は能面のように表情が固まり、それは見事に二人とも一言もしゃべらず、うなずきもせず完全黙秘の状況になってしまうのでした。

和田は、Ⅱ期のまとめにこの二人を「〝閉じた関係〟でこれでよいのか悩んでいる」と報告をしてくれました。二人の様子は、夜番（夕食後保育）でも見られたため、職員全員も問題意識を持っていました。

和田が、この二人を「二人だけでいい完結型の関わり」と思い、何とかみんなの中へと思ってしまったのは、他の子どもたちの中に、「わかばのクラス」「わかばで楽しい」というようなクラス集団が形づくられ始めていたからだったと思いました。

記録⑬　四月一三日

お話しあいの種

おはよう会で。

和田　「給食の後でさぁ、けやき文庫で本（を読む）か、お部屋でブロックしてるじゃんね…でも、なかなか片づけができないから、紙しばい読む時間がなくなりそうなんだ。どうしたらいいかなぁ…」

のの　「遊ばなぁい」

和田　「え？　遊ばないの？」

みんな　「ヤダー！」

こたろう　「ブロックしたーい！」

和田　「うん、だよねぇ…でも読む時間がなくなっちゃうのもこまるしね」

ひろむ 「片づけるー！」
そうい 「先生が言ったら片づける」
和田 「なるほど、先生が片づけだよって言ったら片づけるんだ」
みんな口々に「うん、そうだよ」
ここあ 「お花（時計の文字盤の12のところに貼ってあるお花マークのこと）になったら片づける」
和田 「ほ〜♪ お花になったら先生が言ってなくてもやるんだ？」
なお 「うん。静かにやるー！」
和田 「静かに？ あ！ みかんさん（3歳児クラス）がもう寝ているから？」
あやめ 「そうだよ。わかっとる…」
和田 「なるほど…じゃあ、お花になったら、静かに片づけるんだ？」
みんな 「うん、そうだよ」
和田 「どう？ こたちゃん、できそう？ たっちゃん、できそう？」
こたろう・たつき 「できるよ」
和田 「ゆらちゃんも？ みーたんは？」
ゆら 「ゆらちゃん、やれるもん」
（みゆはうなづいているが、わかってるかは…？）
和田 「できそうな人ー?!」
みんな 「ハーイ」
和田 「じゃ、これをわかばのルールにします♪ みんなで決めたね」
「でもさぁ、約束決めたけど、ついつい遊んじゃうときはどうする？」
ひろむ 「ないわぁー！」
ゆうご 「ないー！」
和田 「ホント？ 先生なんかよくあるよ。わかってるけどやめられないときとか…」
ひろむ 「あぁ…」（こたろう目があってニヤリ）

和田　「そういうときは、どうするといいだろ?」
えみか「かたづけだよって言う!」
あやめ「うん、教えてあげる」
和田　「なるほど、なるほど。どう?　この考え?」(ゆらと目があう)
ゆら　「コワイのはヤダ!」
和田　「ん?　コワイ言い方はイヤなの?」
ゆら　(うなづく感じの表情)
和田　「あぁ、片づけだなぁって思っているときに、こわい声で『片づけだよ』って言われると、イヤんなっちゃうの?」
ゆら　うなづく。
和田　「こたちゃんも?」
こたろう「ふつうに言ってほしい」
和田　「ワハハ、ふつうにね…」
「じゃあ、ふつうに教えあいっこしよう」
「これ、わかばのルールでいいですか?」
みんな「いいよー」

****

この話をしてるとき、みんなはあまり他のことをやったりしないで話に参加できた。何がよかったのかな?

・答えを提示しないで、「みんなで考える」の形だったからかな?

・自分たちの身近なことだったからかな?

りょうが君は参加はできなかった…途中で出ていってしまった。

考えを言いあう、みんなの前で出すことがおもしろい、言ったらみんな聞いてくれる、みんなで決めた、そんなことを積んでいきたい。

…まぁ、この日も片づけもやれない子もいたけどさ…。

〝自分ともう一人〟の3歳児時代を越えて、4歳児らしくグループみんなでを楽しみ、だんだん「わかばのルール」などクラス集団ができ始めていました。そんなときに、まるでその足を引っ張るかのようなりひと君とえみかちゃんの姿は、確かに気になりました。

記録⑭　一〇月二一日（木）

りひと・えみか

いも堀りが終わって着替えをし、給食までの間みんなで半円に座って、いもをどうするかやいも堀りの感想を話していた。

りひと、えみか、紙飛行機を持ってみんなの前を横切りス～っと部屋を出ていく。和田の前をチラッ。

ゆうご　「エ？　エ～?!」って顔。（何で出てっちゃうの？）って感じ。

和田　「りー君とえみちゃん何で出ていっちゃったんだろうか…」

ゆうご　「わからん」

こたろう「わから～ん」

その場を中島さん（パート職員）に託し、二人と一人ずつ話をした。

和田　「えみちゃん、先生さ、今すご～く悲しい気持ちだよ。わかばのみんなでいも掘りしてさ、楽しくってみんなでおいもどうする？　クッキングする？　って話しているときにどうして二人で出てっちゃうの？　りー君と二人がいいの？　わかばイヤなの？」

えみか　「ううん」首を振る。

和田　「そっか…。でも、わかばのことイヤなのかと思っちゃったよ。みんなもそう思ったと思うよ。えみちゃんはりー君だけいればべつに、オレたちなんかいなくてもいいのかな…って」

えみか　困った悲しい顔。

和田　「それどう？」

えみか　「イヤだ」

和田　「うん。先生もヤダな。だってえみかもりひともわかばの仲間だもんね」

えみか　うなずく。

和田　「あとさ、聞いてないとわかば何やるかわからんよ。りー君と仲よしなのは、とってもステキなことだと思う。でも、わかばのみんなも二人のこと仲間だと思ってるんだよ。二人のこと待ってるんだからね」

＊＊＊＊＊＊＊＊＊＊＊＊＊＊＊＊

りひととも同様の話をした。また、ボクが話してしまった。いつも、友だちの口から…と思うのだが、今回はボクも悲しくて、黙っていられなかった。いったいどんな気持ちでわかばの中にいるんだろう…。あの変なつるみは、何をあらわしてるの？　個人主義？　大好きなえみか、りひと以外の友だちへの想いはまだまだ気づけないところなのかな？

夕方など二人が別々に遊んでいたり、四、五人の中に二人で入ったりすることも少し出てきた。まずはそこから？　友だちの声を届けることをていねいにこの二人は特にしていきたい。

Ⅱ期のまとめ会では、どうして二人は二人だけの関係でいたいのだろうか？　のぼり棒の練習も誰にも見られたくなかったり、トラブルの当事者のときには何も語らなかったりする姿から、ついつい「本当の気持ちをなかなか出せない子たち」というような方向で分析が行われていたときでした。

友恵主任が腕組みをしながら思いきって発言をしました。

「ねぇ、二人はなんで一緒にいたいかっていうとさぁ、『安心だから』なんだよね。だから、安心できる友だちがいるって、すごくすてきなことで、『よかったじゃん』って言ってあげたいことなのではないの?」

和田は「なんていうこと言うの?! わぁ～っ!」と坊主頭を抱え込んでしまいました。りひと君とえみかちゃん二人の閉じた関係を何とかオープンにできないかと考えていた会の中盤での、大逆転一八〇度方向転換の視点が投げ込まれました。「なるほど～」一堂うなってしまいました。

「安心感」を第一に考えてきたけやきの木保育なのに、みんなで落とし穴にはまるところでした。4歳児になって、どんどん成長していく子どもたちがあたりまえに感じられて、和田自身が「え? まだその姿なの?」と子どもを否定的に見てしまいがちになっていたと、気づけたまとめ会でした。和田だけではありません。「閉じた関係」などと失礼な言い方をして、「どうさせるか」にはまってしまいそうだった私たち。くり返し学習しても、集団で討議を重ねても、こんな落とし穴にはまるときもあることを私もおもしろく感じていました。これだから、いろんな職員で論議するのはやめられません。職員たちの、りひと君えみかちゃんを見守るまなざしが変わりました。

運動会では、できることならみんなの前でかけっこなんてしたくないえみかちゃんとりひと君でしたが、3歳児のときと違って、やらずにすませる自分たちではなく、二人で支えあってやっと走ることができた二人でした。そして、その事実を、ねねちゃんやののちゃん、あやめちゃんたちが、心から喜んでくれていたのも印象的でした。二人っきりで遊んでいると思っていたけれど、ちゃんとクラスの仲間は二人のことを気にかけてくれ、見守ってくれていたのだと改めて気づかされました。

すると秋以降、「いつも何でも二人一緒」から、少しずつ変化が見え始めました。まず、えみかちゃんが「自分のやりたいこと」をやれるようになり、少し戸惑いながらもりひと君も、自分のあそびをえみかちゃん以外の友だちの誘いに乗っかっていけるようになっていきました。それでも仲がいいのはなんら変わることはなく、お互いをときに支えとし、ときには別々になりながら、けっきょく二人とも「クラスの仲間」の中にゆっくりと入っていったのでした。

どのように過ごすのか、どのように生きるのか、それは子どもが決めること。

でも、保育者にも願いがある。

そこを押し付けにならず、子ども自身が大人の気持ちを取り込んで、「もっと大きくなりたいよ」という願いの背中を押せられたら、すごくいいのだけれど、ついつい保育者が焦っちゃったり、願いが強すぎちゃったりすることが私にもよくあります。「ごめんよ子どもたち」と謝りながら、でも、ちゃんと他の友だちも見守っていてくれたこととセットで、子どもは仲間の中で育っていくのだなぁと、和田と話しました。

仲間の中で育つ子どもたち

自分の気持ちがうまく表現できなかったこの集団にとって、劇あそびはその発表（他のクラスやお父さんお母さんたちにも見てもらう）もあって、もっともかっとうが大きい取り組みでした。けやきの木幼児クラスでは、二月上旬に「春まつり」があり、その前に一二月のクリスマス会で日ごろから親しんでいるものを、ごっこの延長のように取り組み、各クラスで見せあうことをしています。

その劇あそびを取り組む日は、朝から落ち着かないこたろう君がいました。

記録⑮　十二月九日（木）

こたろう　みんなの中で

劇あそびをやる日、おはよう会から座れずに、つみ木を一人しているこたろう。ふざけたり、イジワルしたりせず、もくもくとやっている。劇あそびが始まっても、中には入らず、部屋の中で絵を描こうとしたり、ミニカーをとりに行ってみたりうとしたり、ひこうきを折ろうとしたり…。けっきょく劇あそびはやらなかったが、ものすごくかっとうしているのが見えた。

劇あそびが終わって「クリスマス会どうする？　劇やる？」に「やる！　やりたぁ～い！」のみんな。沈むこたろう。（みんなで話を始めると席に座った）

和田　「こた？　どう？」

こたろう「……」

和田　「やりたい？　やりたくない？」

こたろう「やりたいけどさぁ…ドキドキするもん。ドキドキしてさぁ…走っちゃうかもしれんじゃん…だってさぁ…」

和田　「そっか♪　やりたいけどドキドキするかもね。心配だよな～うん」

こたろう「うん」

和田　「そうなんだってさ。みんな知ってた？」

ゆうご・のの・ゆら・ひろむ「そんなん、わかってるし～」

和田　「ハハ（笑）わかってるって、こた」

こたろう　ニヤリと笑う。

和田　「う～ん、じゃあどうするよ…。こたはドキドキするでやめとくことにする？」

りひと　（となりの席で）「イヤダ、ダメ！」

和田 「なんで?」
りひと 「だってわかばのなかま…(小声)」
こたろう ハニカミ顔。
和田 「うん。本当はやりたい、こた。一緒にやりたいみんな。じゃあ、どうしたらいいかみんなでまた考えよう。わかばの劇のこと」
＊＊＊＊＊＊＊＊＊＊＊＊＊＊＊＊＊＊＊＊＊
前日の帰りの会でこたは早く帰っていていなかったから、劇あそびの予告ができなかったのもある? それにしても、みんなの中でふざけず、イジけず、「ドキドキしてます」とみんなに言えたこたはステキだよ。そして「わかってるしー」と軽く言ってくれるみんな。アリガトウ。りひとの「イヤダ」もアリガトウ。キミもドキドキしてやらんかったけど、「本当はやりたい」人だもんね♪ 「本当はやりたい」をみんなでどう支えていこうかな〜。

＊心のかっとうをさらけだせる

こたろう君は、4歳児の夏にはプールでの自信もつけて、苦手なものにはあいかわらず荒れたりしていましたが、話しあいのなかではしっかり自分の意見を伝えたり、何よりも話しあいの場に必ず集まってくるようになっていました。3歳児のときにはこだわっていた「ぼくだけの座席シール」も、運動会前に「もう、シールはいらん!」と宣言をして和田を驚かせています。彼の中で、確実に「クラスの仲間」が大きくなっているのを感じました。だからこそ、「劇あそびなんてやりたくない」と暴れて拒否することだってできたのに、「みんなとやりたい」からこそ「ドキドキして走っちゃうかもしれん」の告白を、おだやかにできたのだと思いました。こたろう君の願いがビンビンとこちらに伝わってきます。それを、「わかっているよ」と受けとめている集団もまた、成長しているなぁと思いました。そんな「本当はやりたい、でもすっごく緊張します」という子はこたろう君だけではありませんでした。

記録⑯　一二月九日

「お昼寝タイム」

劇あそび（おおきなかぶ）終わって、ずっとイライラのこたろう。布団でもモゾモゾ…。

和田　「こたちゃんさ、本当はやりたかったけど、カブやれんくって、イライラしとるだろ？」

こたろう「うん。イライラしてる」

和田　「ワハハ、スナオに言いやがって」

こたろう　笑顔。

和田　「りー君は？　りー君二回目のときやる人～？　で手をあげたろ？」

りひと　「うん、ちょっとね」

和田　「やろうと思ったの？」

りひと　「でもさ～」

和田　「なに…？」

りひと　「やれんかったも～ん」

和田　「こたと一緒だな♪」

りひと　「うん」

和田　「ドキドキチームだ♪　そんなら、こたちゃん、りー君と一緒に犬やればば？」

こたろう「え～、おじいさんがいい…」

りひと　「ヤダ、おじいさんはイヤ！」

和田・こたろう「なんで？」

りひと　「…ながい」
和田　「出番が？」
りひと　「そう！」
和田・こたろう　笑い。
和田　「確かに。おじいさんは大変だぞ～♪」

こたろう「でもいいの！」
＊＊＊＊＊＊＊＊＊＊＊＊＊＊＊＊
いいなぁ、りひととこたろうの関係。同じグループにしてからとくにいい。りひとの心の窓をあけるのは、こたろうか？　ほのぼのと自分の心をさらけ出せた記録。

記録⑮のときに、こたろう君がドキドキするから劇あそびに入らないでおくかという流れになったとき、思わず「イヤダ」と言ったりひと君もまた、はずかしくって劇あそびはなかなか向かえない子でした。当時同じグループだったこたろう君とりひと君は、「やりたい」でも「やれんかもしれん」というかっとうを持って揺れる仲間です。しかし、こうして和田を真ん中にあっけらかんとそんな自分の弱いところも言いあいながら、（出番の時間も計算したりするのもさすが4歳児）「ほのぼのと、自分の心をさらけ出せた記録」でした。本当の気持ちを表現するのは、とても難しいことなのだけれども、気持ちをわかってくれる友だちの存在は、心の窓を開けるカギになるようでした。

春まつり本番は、おおきなかぶ役の和田に、役に扮した子どもたちが、同じ役グループの友だちと一緒に声を合わせてせりふを言ってからつかまってひっこ抜きました。こたろう君もりひと君もねずみ役となり、ズボンにつけたしっぽが心の杖となって、二人でしっぽでくすぐりあいながら笑顔で本番をくぐることができました。このあと、春まつりをがんばれた二人は文字通り一皮むけたようでした。りひと君は、えみかちゃんだけでなく急速に友だちが広がりだしました。こたろう君はなんというか…、おだやかになっていきました。

記録⑰　二月二一日（月）
こたろう　やわらかな心

園庭でみさきが大縄とびをしてる。こたろうはタイヤのところに座って見ている。

こたろう「みさきちゃん、うまくなったね！」
みさき　「こたろう君、ありがと～！」
こたろう「べつに～♪」
＊＊＊＊＊＊＊＊＊＊＊＊＊＊
へぇ～♪

＊やれたから○、できなかったから×ではない

いっぽう、ゆらちゃんはなかなかおもしろい姿を見せてくれました。ゆらちゃんも春まつりのかっとうを持っている子でした。それは、秋の運動会からもずっとある姿で、和田もとても気にしていました。

4歳児の運動会は、春からみんながはりきって取り組んでいた「のぼり棒」をやることに決めま

した。自分で決めた目標に向かって、ジリッジリッと登っていく子どもたちに、私たちも手に力を込めながら応援します。思うように登れずひるみそうになっていた子たちも、驚くほどいい顔で観衆に囲まれながらいつも以上の力を発揮して登っていく姿は本当にまぶしく、感激屋の和田の目は竹ののぼり棒を支えながら真っ赤になっていました。しかし、ゆらちゃんの順番になったとき、涙は引っ込んでしまいました。てっぺんまで登れていたゆらちゃんでしたが、順番になってものぼり棒まで行こうとはしませんでした。仲間たちが全員登るのをじっと見つめながら、自分は登ろうとはしないのです。

どのくらいの時間を、参加者全員で見守ったのでしょうか。

ほんとは、登れるもんね

ずっとゆらちゃんに寄り添って話しかけていた和田が、参加者に向かって伝えました。「ゆらちゃんは、今日はやらないことにするそうです」。自分で決めた答えでした。友だち関係も広がって、様々な場面でも主体的に活動できるようになってきたゆらちゃんだったので、運動会前日も「園長、きっとゆらちゃんはやってくれると思います」と和田は言っていました。和田はやれるゆらちゃんをみんなに見せたいという気持ちが強かったのだと思います。でも、ゆらちゃんは「やらない」ことを選びました。

このあと、ゆらちゃんは「運動会の絵」でのびやかにみんなに応援されながらのぼり棒にのぼっている絵を保育園で描きました。「アンタのぼらなかったでしょ！」とのけぞりながら言う和田と、「うん、本当は登れるもんね」という友だちに囲まれて、うれしそうに笑うゆらちゃんがいました。

そして春まつり。「きっと彼女（ゆらちゃん）はやってくれます」と懲りずに期待をする前日の和田をはじめ、職員みんながゆらちゃんを含めた4歳児わかば組のおおきなかぶをドキドキしながら見守りました。はたして、ゆらちゃんは、おばあさん役のタイミングでは出ようとしませんでした。かぶの和田をチラッと見ながら、同じ役の仲間に誘ってもらっても、待ち席から立ち上がろうとしませんでした。『そうなのね』と、どうしてもガッカリ顔の和田でしたが、カブの劇は、ゆらちゃん抜きで進行していきました。そばにいた私は、思わずゆらちゃんに「かぶだけは、全員で抜かないと抜けないいからさ」と声をかけると、なんと彼女はナメクジのように這いつくばりながら、一番ラストにかぶ役の和田のところまで行き、彼の足にしがみついて退場となりました。

それなのに翌日には、またしてもゆらちゃんは生き生きと順番通りにおばあさん役を演じる自分を見事に描いたのでした。そんなゆらちゃんを「ぼく、まったく理解できません」と和田。しかし、翌日自宅で描いてきた一枚の絵を、「はいこれ」とぶっきらぼうに和田へ渡すゆらちゃんがいました。それは、劇をやっているみんなと、部屋の隅で小さくなっているゆらちゃんの絵でした。

「本当はみんなとやりたかった。でもできなかった」

和田は、この絵を見て、やりたかった自分とやれなかった自分のどちらにも逃げずに向きあっている姿だと感じたようです。口下手で言葉で伝えることのできないゆらちゃんだけれど、絵だったら自分の気持ちを表現することができるのです。その絵を見た仲間たちも、「うわ、じょうず。一緒にやりたかったね」と言ってくれました（『現代と保育』83号「安心して自分を表現できるってどういうこと」和田亮介　ひとなる書房参照）。

やれたから○、できなかったら×ではない。

やりたい気持ちを持ちつつも、やれなかった自分を丸ごと受けとめてくれる仲間がいること。「できた自信」なんかよりも、ずっとこれからの自分の支えになってくれる〝安心できる友だち〟が、ゆらちゃんのまわりには確実にでき始めていました。

春まつり直後のゆらちゃんの記録です。

記録⑱　二月一七日（木）

ゆら　宣言?!

給食のあと、和田のところにきて、

ゆら「もう、一人で寝る!　あやめちゃんの場所に布団敷く!」

和田「んん?!　トントンしないで一人で寝るってこと?」

ゆら「そう〜!」

和田「へ〜…。じゃあ、あやめちゃんにお願いしてこないかんな」
ゆら「もうしたわ」
和田「もうしたの？」
ゆら「うん。いいよって言った」
おやつの後、
ゆら「なわとびがんばりたい！」
和田「大縄のこと？」
ゆら「そう！」
和田「このごろいっぱい練習していっぱい跳べるようになったもんね」

ゆら「もっとガンバルの！　リズムもやる！」
＊＊＊＊＊＊＊＊＊＊＊＊＊＊＊＊＊
この決意表明のようなものが意味するものは何だろうか…。そういえば運動会のあともあったね…。
①本当にがんばりたい（がんばれなかったのもふまえて）気持ちのあらわれ
②緊張感のほとぼりがさめて、安直に「次はがんばろ～」ってなってる
③…なに？

＊何かが変わってきているぞ

大人の和田にとって、運動会や春まつりの行事は、それこそ全員が自分らしくやりきることが「達成感」となるのかもしれません。和田の場合、自己満足ではなく「このステキな子たちを見てほしい」という強い願いがそうなっているのだと思います。そして多くの親たちも和田以上に「本番で失敗しないように」というまなざしで見つめるものだと思います。実際、開園後数年は運動会や行事ごとでは、「ちゃんとやってほしい」という親の声が大きく、その行事までのプロセスこそ

が大事で、本番はその結果……いや、まだ途中経過の場合だってあると思っている私たちには、厳しい非難が寄せられました。「ちっとも年長らしくなかったです」のようなノートに、「一人ひとりのがんばりは伝わっていなかったのか」と職員が落ち込んだこともありました。プロセスや子どもたちのかっとうも含めて、おたよりで詳しくお伝えしているつもりでも、大人の目線では、「当日のでき栄え」に固執する雰囲気がどうしてもあります。

でも、前出のゆきと君やゆらちゃんを見ていると、やらなかった事実だけで終わらないことがよくわかります。それは、保育がそこで終わらないから。行事までのプロセスを共に歩んできている仲間が、行事の後も一緒に生活していくから、やらなかった事実も何でもわかりあっていく仲間同士の営みの一つに他ならないと感じます。

近年は、様々な園の考え方により、運動会や生活発表会のやり方を変えたり行事をなくしたりする実践を目にします。私たちも、行事が子どもたちにとってどうなのか、「押しつけ」や「がんばらせる」ものになっていないかを、常に検証しています。そして、日ごろの姿を見てもらうことに加え、その行事があることによってつくられる、とくに幼児集団のうねりのようなものが、ますます保育に欠くことができぬ存在となって位置づけられています。それは、5歳児になっても多くのことを教えてくれることになるのでした。

実際、ゆらちゃんにとっても4歳児の運動会や春まつりが、間違いなくゆらちゃん自身の中で大きな経験になっていました。もうすぐ5歳児に進級する三月のことです。

記録⑲　三月九日（水）

ゆらのリズム

　このところ（宣言してから）ゆらのリズムがとてもステキ。意欲だけでなく、身体も本当にしなやか。特にワニとアヒルはみんな腕や足がまだ難しいが、ゆらはとてもステキな形になっている。ワニのリズムの後で…、

和田　「うん。みんな親指とっても上手になったね。でもよ、腕がまがっていたりアゴが浮いていたりするんだよねぇ…う～ん…ゆらちゃん！　すっごく上手だで、ちょっとお手本やってくれない？」

ゆら　「あ～？　いいよ。べつに…」と言ってみんなの前でやってみせる。

みんな　「うわぁ～♪　すご～い！」

こたろう「ピーン！ってなってる！」

みらい　「かっこいい！　かっこいい！」

ゆら　照れながらもうれしそう。

和田　「うん。本当にステキだ」

ねね　「ゆらちゃん、はずかしくないの？」

ゆら　「あ～？　べつに！」うれしそう。

＊＊＊＊＊＊＊＊＊＊＊＊＊＊＊＊＊

な～んでやれるんだ…

・わかばだけならいいの？

…でも劇練習はわかばだけのときもナメクジだったじゃん。

・お手本ってことがいい？

…いや、そんな単純じゃないでしょ…

・自信があった？

…えぇ？　自信があってもみんなの前でやれんのがゆらちゃんじゃん。

…何かが少しずつ変わってる。

「何かが少しずつ変わってきている」。和田本人もまだ気づき切れてはいない、子どもが成長していく様子をすぐそばで見せてもらえている、保育者にとって一番幸せな光景だと私は思いました。これまでのことから、そんなにすぐに「こう育ちましたね」「成長していますね」なんて、一緒に生活する担任はかんたんに喜んだりはできないけれど、「何かが今までとは違う」ことをこうして記録にして心に留め置くことができるのは、子どもにとっても保育者にとってもかけがえのない財産になるのだなと思います。

保育者がムキになるとき

一方で、担任はすぐそばでともに生活をしているからこそ、冷静ではいられない場面だってあるのです。

記録⑳　二月二四日（木）
りひとの心、ボクがムキになってしまうところ…

給食後の室内あそび。りひととこたがモメ始める…。ママゴトコーナーの机の下にこたろう。その前に立ち、折り紙をしているりひと。こたろうが外に出ようとしているが、出さないようにするりひと…。
こたろう「りー君どいて！」
りひと「……」無視。
こたろう「おい！　どけってば！」
りひと「……」無視。
こたろう　無理やり出ようとする。
りひと　必死に足で押さえながら出さないようにしている。顔は「へっちゃら～」な表情を崩さないように必死。
こたろう　なんとか外に出て、りひとにつかみかかる。「オイ！　ナンダァー！」
りひと　無視して折り紙。
こたろう「フザケンナー！　オメーヨー！」と言って、りひとを揺さぶり叩く…。
りひと「ウワァ～！」とキレ、こたろうを叩き返し、組みあう。が、また急に能面モードに戻し、折り紙に…。
こたろう「オイ！　聞いとんのかぁ～！」と必死にりひとに言うが、無視。
和田（はぁ～？　ナニそれ？）
二人を連れ（腕をつかみ）部屋のふちっこに連れていく。
和田「どういうこと?!　どういうつもり?!　なんでそこで知らんぷりだ?!」
りひと　泣く。
こたろう　もう泣いている。
三人とも、なんというか必死。
和田「こたの声聞こえてたでしょ?!」
りひと「聞こえてた（泣）」
和田「りー君も怒ってたんだよね?!」
りひと　うなずく。
和田「なんでそこで知らんぷりだ?!　こたも怒っていた。りー君も怒っていた。なのにそんなのオカシイ～！」
…ちょっと和田クールダウン…ゴメン
和田「あのさ、りー君もあんなふうに外に

出さないようにするなんて、きっとすごくイヤな気持ちになったからだと思うし、二人とも叩いたりするのはいいことじゃないと思うけど、今はそれよりも知らんぷりすることのほうがとっても悲しいと思うわ」
「こたさ、すごい一生懸命言ってたよ。返事もしてくれんかったらきっとだ～れも何も言ってくれんくなる」

りひと　「イヤだ（泣）」
こたろう「何でなんも言わんのだぁ（泣）」
和田　「こたろうどんな気持ち？」
こたろう「しるかぁー！（泣）」
和田　「りー君？　こたさ、りー君と仲間だから、楽しいことも、イヤなことも言ってくれるんじゃんね…」
りひと　「……」
和田　「なのにさ、知らんぷりはさ、とっても悲しいよね。りひとのこと好きだから仲間だからケンカもできる」
「知らんぷりじゃケンカもできん。知らんぷりばっかりだったらきっとこたも知らんぷりになっちゃうよ…」
りひと　「イヤだ」
和田　「イヤだな…。悲しいな」
「りー君？　言って大丈夫だよ。だまって怒って、知らんぷりじゃなくってもさ、ちゃんと怒って大丈夫だよ」
りひと　うなずく。

＊＊＊＊＊＊＊＊＊＊＊＊＊＊＊＊＊＊＊

あ～ぁ、やっちゃった。どうしてもこういうのがガマンできない和田。ものすごく怖い言い方で迫ってしまう。ちゃんと向きあおうとしている友だちに背を向けてしまうりひと…。このごろやっと友だちへいろんなリアクションをし始めるようになってきたりひと…。気持ちの出し方はまだまだ初心者だよなぁ。認識は高いけど人との関わりのところではこれからなのだ。そこもわかってあげなきゃいかんとも思うんだけど…でもやっぱりムキになってしまう。

気持ちが言えないのはりひとのバックボーン（三兄妹の兄・長時間保育で親も子もがんばっている）もいろいろあるよね。でも気持ちおさえ込んで急にバクハツ…。苦しいね。


保育者も人間です。

生い立ちや生きてきた人生経験のなかで、「ここはこだわりどころ」とか「ここは許せない」と思うものがあって当然です。和田は、誰かが関わりを持とうとしているのに、それを無視したり、なかったことのように通りすぎたりすることが大嫌いでした。私の場合は、一人をみんなでさげすんだり、差別をしたりするのが許せません。「その子なら叩いてもイジワルしてもいいと思っているの！」と高ぶる気持ちを抑えることができません。だから、この記録の「あ〜ぁ、やっちゃった」という和田の気持ちが痛いほどわかりました。途中でクールダウンをしているだけ、二十年前の私よりずっとましです。

感情的な保育は絶対よくないけれども、感じる心は止めなくてもよいと思っています。マニュアルではなく、生身の人間が保育をしているからです。実際、このときこたろう君はなにも言わないりひと君にとても悲しかったと思います。そして、言うべき言葉を持たなかったりひと君もまた、しんどい時間だったに違いありません。

記録㉑　三月一一日（金）
りひとの涙

帰りの会の始まりでしょうた（4歳児、二月）春まつり後に転園してきた）が突然イスから転げ落ちる。りひと怖い顔…。
しょうた「こいつが押してきた！」
和田　「どうした？」
しょうた「こいつが…」
和田　「りひと君が？」
しょうた「りひと君が押してきた」
和田　「ん？」って顔で見る…
りひと「…だってこの子が」
和田　「しょうた君が？」
りひと　「しょうた君ガイヤなこと言ってきた！」
顔は能面ではなく泣き顔。
りひと　「座ってたらなんか言って…（涙）」
よくよく話を聞くとしょうた君もそんなつもりはなく誤解だったようだ。
＊＊＊＊＊＊＊＊＊＊＊＊＊＊＊＊＊＊＊
以前からこういうときはじめから能面か、そうじゃなくても話しあいになったとたんにヘラっと能面になっていただろうに。ちゃんと気持ちを出せるようになった。人との関わりはまだまだ幼いが、もうサイボーグみたいではなくなってきているぞ。言い方悪いけど…。

気持ちを言うのは、そんなにかんたんなことではありません。まず、自分がどう感じているのかを自覚でき、周囲のまなざしに安心感を持てるようにならないと、幼児期後半までに何でも言える関係になっていない場合、そうそうかんたんに気持ちをしゃべることなどできないのだと思います。だから、何も言わず口を閉ざしたり、一見逃げているようにも見えたりする子どもに、大人が「何とかさせよう」としてもますます心を閉ざすか、言えない自分に自信をなくす方向にもっていきがちでもあります。

自分も友だちも客観視できる力の育ちと安心感

この4歳児の一年は、まず発達的特徴である「できる・できない」の二分的思考から、「きのうよりできた」「こうすると、こうなる」という科学的な中間思考への発達がベースになって活動が広がっていきました。のぼり棒やうんていへの挑戦で、「よりステキな自分」へみんながはりきって活動していきました。それは個人的な活動といえるのですが、子どもたちの友だちを求めてやまない姿は、個人技を個人完結の達成感では終わらせませんでした。教えあいっこはもとより、自分以外の仲間もがんばっていることを意識できる4歳児になっていきました。

そこには、担任の願いもしっかりあったように思います。和田はこの年の終わりのまとめで「ふり返れるようになった子どもたちが、どうすればやれるのかを考え努力し、何かができたとしても、『できたからOK、できない人はブーッ』ではない、『オレはできたけど、まだできないアイツはこうがんばっている』というとらえをして欲しかった」と発言しています。おそらく、日常的に子どもたちが周りに目を向けたり気づけたりする言葉がけや配慮を、保育の中でしてきたのではないでしょうか。友だちをしっかり見ることは、どうやら自分もちゃんと客観視できることにつながるようです。

〝瞬間湯沸かしチーム〟が「だって、ガオーってなっちゃうんだもん」（記録⑪たつきのおこりんぼスイッチ）とか、「ドキドキしてさぁ…走っちゃうかもしれんじゃん…だってさぁ…」（記録⑮こたろう、みんなの中で）と自分のついなってしまう姿に気づき、それを（本当はちゃんとしたい願いを持っていることも含めて）仲間にわかってもらえたことで、集団への安心感につながっていきました。「あの子は乱暴だから近寄らないでおこう」という友だち関係ではない、「あ〜あ、本当はやりたかったのだろうに、つい怒っちゃったのね」という理解が、まず女の子を中心に広がっていきました。これは、担任自身も子ども分析のうえで見方が一面的ではなくなっていくこととリンクしていました。和田は「たつきはおこりんぼだけれど、みんなと力を合わせるところでは、力を発揮できるんだ」とか、「こたろうも、ふざけんぼだけれど、どんどんみんなとやりたい気持ちがふくらんでいるぞ」といろんな子どもの姿をまとめあげていく記録に変わっていきました。

まるでトラブルのモグラたたき状態だった3歳児から、4歳児になるとその子その子の課題を断片的にとらえて問題視するよりも、「そんな子がいるこの集団」として考えていくほうが、きっと煮詰まらずに保育を楽しめていけるのではないでしょうか。３歳児のときは、一人ひとりの気持ちをまずわかろうと寄り添って受けとめての保育でしたが、４歳児になると「がんばれ」と背中を押すこともするようになってきました。「大人である担任がわかっているよ」時代から「もう友だちは安心だよ」を積重ねていく時代へ次第に移っていったのを感じました。

Ⅲ章

5歳児
自分だけじゃダメの
取り組みが目白押し

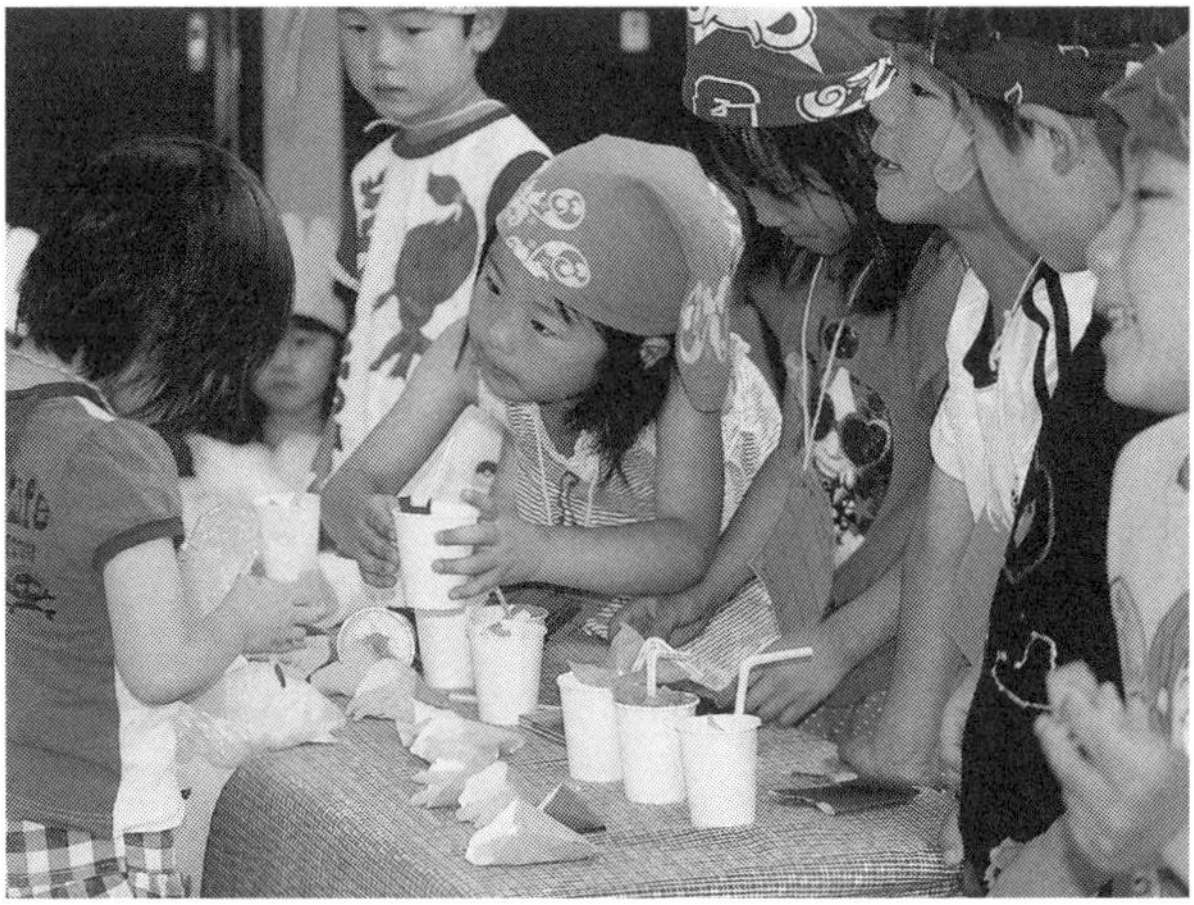

ゆらちゃんの「全部やる！」宣言

いよいよわかばの仲間二二名はそっくり5歳児クラスそら組に進級しました。保育園で一番大きいクラスというまぎれもない事実が、子どもたちの高揚した表情に表れている進級の日です。担任の和田は、子どもたちにそんな気持ちを表現してもらおうと「そら組になったらやりたいこと」を雲の形の紙に描いてもらうことにしました。「竹馬にのる」「おとまり会をがんばりたい」「跳び箱の五段が跳べるようになりたい」「たいこをカッコよくやる」など、憧れだったそら組の姿を自分たちに引き寄せて、意欲満々の雲たちが、そら組の部屋の大空に浮かびました。

これまで、運動会や春まつりだけじゃなく、誕生会や人前に出るものにはかたくなに「我」を通して「やらない」を選んでいるゆらちゃんの年長の夢は？「リレー」の絵でした。その絵を見せながら彼女は和田にたいこも竹馬も跳び箱、春まつりまで「全部やる！」とぶっきらぼうに言い放ったのでした。あいかわらず「ちっともわかんないですよ」とゆらちゃん理解に頭を悩ませながらも、何かがゆらちゃんの中で変化していることを、私たちは感じていました。

記録㉒　五月二五日（水）　ゆらの「ちょっときて！」

夕方、遅れて園庭に出ようとした和田に、
ゆら「あやめちゃんに『性格わるいからダメ』って言われた。ゆらちゃんなにもやっていないのに…」
和田「え？　なに、それ？」
ゆら「『イレテ』って言ったら『性格わるい』って言われたもん」
和田「ほんでどうしたの？　ゆらちゃんは？」
ゆら「『おまえが性格わるい』って言った」
和田「わははは、言ったか」
ゆら「うんとさぁ、なんで言ったかわからんもん。（あやめちゃんに）聞くからさぁちょっときて！」
和田「いいよ。行くだけでいい？　聞くのを手伝おうか？」
ゆら「あ？　いいわ」

一緒に行くとあやめちゃんも構えているようなので、ぼくは一定の距離をとりつつついていく。二人でごそごそ話をしている。
あやめ「だってゆらちゃん、かってにルールを変えるんだもん」
ゆら「ちゃんとルール変えないよ」
あやめ「じゃあ、あやめとひー君にちゃんとついてくる？」
ゆら「いいよ」
＊＊＊＊＊＊＊＊＊＊＊＊＊＊＊＊＊＊＊＊
その後二人は遊び始めた。
ゆらちゃん、強くなったねぇ。ショックだったろうに、ちゃんと聞きに行く。そしてそれを、和田を頼ってくれてありがとう。そして、あやめちゃん。いいぞぉ～。誰だって、イヤなときや理由があるのだ。いつもいい子じゃなくたっていい！

＊あこがれの対象になる仲間たち

想いがあっても、すぐに言葉で表すことがとてもハードルが高い子だったゆらちゃん。ここまでくるには、物をひっくり返して暴れたり、なにも言わずにじーっとダンマリで、周囲を困らせたりしてきた子です。そのゆらちゃんが、大好きなあやめちゃんに言われたことが納得できずに、かといって暴れたりあきらめたりしないで、ちゃんと関係を結び直そうと行動したところがステキだし、その勇気を支えてもらうために和田を頼ったこと、二つともうれしい記録でした。3歳児期は暴れて泣くしかなかったゆらちゃんが、4歳児になるとじっと自分の気持ちに向きあい考えるようになり、5歳の始まりには、心のよりどころを友だちに求め、いつわらず我慢せずありのままの気持ちを（和田を支えにしながら）友だちにぶつけ始めていました。

一方のあやめちゃんは、とてもしっかり者で、間違ったことをやったり人を悲しくさせたりすることはまずしない――そんな優等生タイプだけれど、実は自分の想いにふたをするときが多いのではないか、と心配してきた子でした。この頃、ちゃんと感じたことを心許せる友だちに言えるようになった姿も、また成長の証でした。そんなあやめちゃんの姿は、みんなの憧れでもありました。「ゆらの『ちょっときて！』」記録と同日の記録にこんなのもありました。乳児の頃からかたくなに野菜を口にしなかったみゆちゃんの記録です。

記録㉓　五月二五日（水）　　みゆのあこがれ

給食の時間、みゆちゃんはいつものように「おかずを減らしてください」の列に並んでいたが、くるっと向きを変えて席に戻ろうとしていた。
和田「お、どうしたの？」
みゆ「あのさぁ、やっぱり野菜を食べる…」
和田「なんでぇ？」
みゆ「え〜…まだ考え中」
和田「ずるっ。でもそう思ったのはすごいね。がんばって♪」
みゆ「うんっ！」
しばらくして、
みゆ「あのさぁ、う〜んと、あやめちゃんみたいにかっこよくなりたいから…」
和田「…？…は？…！　野菜の話？」
みゆ「そうにきまっているでしょ、もぉー」
途中、みんながだんだん食べ終わってしまうときにも「あーあやめちゃんみたいになれんかったらどうしよう」とこぼしていた。けっきょく味噌汁は残したけれど、野菜のおかずは全部食べられたと教えてくれた。
和田「みゆちゃん、自分でがんばろうって思えたのが、かっこいいね」
みゆ「えへへへへー」
＊＊＊＊＊＊＊＊＊＊＊＊＊＊＊
友だちの姿にあこがれて、「自分もそうなりたい」って思って、「でも…でも…」って揺れて…。いいじゃん、みゆちゃん。それを聞いていたあやめちゃんも、とてもうれしそうなこそばゆいような表情♪

気の合う友だちという側面に加えて、「あこがれの対象」にもなる仲間たち。それだけ生活を共にし、いろんな姿を見ているゆえの感情だと思いました。保育は生活の場。そこで生まれた友だちへのあこがれや刺激は、５歳児の発達に大きな影響があるようです。

同時にずっと一緒に過ごす仲間だから、いろんな理解も進んでいました。自閉症のこうちゃんは、会話らしい言葉を交わすことがやっとできるようになっていましたが、進級したばかりの時期は毎日何回も事務室にやってきて過ごしていました。そのことを仲間たちはこう感じていました。

記録㉔　三月二九日（火）　進級の部屋替え二日目

こうちゃんの好きなもの

帰りの会で、こうちゃんもそら組の帽子をすぐにかぶれたこと、わかばの部屋ではなくそらの部屋へちゃんときていることを、みんなで話をした。

なお　「こうちゃん、そらにいるよ」
みつき　「でも事務室にも行く」
そうい　「うんと…電車があるからでしょ」
たつき　「電車とか新幹線がスキだもの」
こたろう　「そんなん知っとるわ！」（ここでしばらく言いあい。ほうっておく）
和田　「それでも、ずっと事務室にいればいいのに、そら組へ戻ってくるのはなんでだろうね？　そら組にもスキなものがあるのかね？」
ゆうご　「赤いものがスキだよ。カプラも、あと粘土も」
りょうが　「コマだってスキだし～」
和田　「そうだね。わかばのときにもあってそらにもある変わってないスキなものってなんだろうね？」
ねね　「こま？」
和田　「いや、木ゴマに変わった」

和田　「こうちゃん、みんなのことが大好きなんだね」
のの　「ののも大好きだよ～」
こたろう「こたちゃんもスキ。でもブロックを壊すときはキラーイ」
みんな　ワハハハ
＊＊＊＊＊＊＊＊＊＊＊＊＊＊＊＊＊

こうちゃん理解がみんなとてもできているなと思った。毎日何回も事務室に行く姿はあるが、散歩や給食のときは、友だちと行くようになったこうちゃんの姿や、絶対こうちゃんを置いて行かないゆらちゃんや周りの友だちの姿両方に成長や変化を感じる。

のの　「つみき？」
和田　「それも変わったよ」
ひろむ　「いす？」
和田　「いす好きか？！」
みんな　ワハハハ
あやめ　「…ともだち？」
和田　「なるほど。みんなもこうちゃんと一緒にそらになったもんね。みんながいるから、こうちゃんそらになってもドキドキしないのかもね」
ゆら　「こうちゃん。ゆらとも手をつなぐよ。ひー君とも」
たつき　「たっちゃんともつなぐよ！」

こうちゃんだけでなく、暴れん坊だったり、ダンマリだったり、つい動いてしまったり様々な特質を持つ友だちたち一人ひとりの理解が、みんなの中で深まっていることを感じました。

その一方で、集団の姿としては、あいかわらず楽しいことは大好きだけれど、「楽しい」がないとみんなのことを話していてもすぐに気がそれて集中できなかったり、「ジブン」ばかり発言したくなったりする姿も多く見られました。また、友だちのカッコ悪い姿を注意できず、知らんぷりしたり、一緒になってふざけてやってしまう姿があったり、やられて嫌なのにそれが言えなかったりする姿も気になっていました。

そんな進級のスタートを切りながら、六月下旬に「そら組だけのとっておきの取り組み」である〝おとまり会〟が行われました。

仲間の中の「ジブン」

六月の下旬に保育園に一泊するおとまり会があります。5歳児のこの時期に、仲間と話しあって決める経験や、いろんな子がいることを知って「そんな自分たちのクラス」が、みんなの力で「一緒に泊まれた」経験にしていく取り組みです。この年は、おとまり会に向けてずっと、カッパのガータロという存在を通して、「本当の気持ちをなかなか仲間に言えず困ったことになっているガータロ」をみんなで考え、力になってあげようと、そら組は奮闘していました。しかし、手紙が届いたり、散歩先で指令が見つかったり、きゅうりをあげるためにガータロの家を探す探検に行ったりする数週間の取り組み中も、どこか冷めているしょうた君がいました。「カッパなんておらんし！」と突っ張っています。乳児からずっと一緒だったクラスの友だちがほとんどですが、４歳児の最後に転入してきたしょうた君は、きっと仲間の安心もまだ感じられぬこの時期のおとまり会に、強い不安感を持っていたのだと思われます。その不安が自分主張となり、話しあいのときもかきまわすような言動になっていきました。

記録㉕　六月一三日（月）
しょうた君の表情

帰りの会で、明日のことを和田が伝えようとしているとき、ひと言和田が何か言うたびに「あっそれ知っとるー！」「しょうたねぇ！やったことあるし～！」と大きな声で…。

さき・こたろう・ゆうご「しょうた君、うるっさい！　聞こえん！」

しょうた　ふくれたような、沈んだ顔…チェッ…。

和田　「どした？　しょうた君？」

しょうた「イヤだ！　みんな言うで！」

和田　「うん、そっかぁ…」

さき　「でも聞こえんもん！」

和田　「あぁ、大切な話が？」

さき　「聞こえん！」

和田　「うん、それは困るねぇ…。二人ともイヤな気持ちになっちゃったなぁ…。どんなときだとしゃべってもイヤじゃないんだろうねぇ？」

ゆうご　「遊んでいるときー！」

和田　「なるほど」

あやめ　「はなしあいのとき？」

しょうた　ブロックをし始めたりょうが君に「りょうが君！　ちゃんと聞い

和田　　てー！」
和田　「しょうた君？　大丈夫。りょうが君あれでちゃんと聞いてるで♪」
しょうた「ふ〜ん…」気のない感じ。
和田　「ねぇねぇ、しょうた君もイヤな気持ちだったね。でも、みんなもとっても困ったんだってさ」
しょうた「うん」
和田　「みんなに言いたいことあるときはさ、ぼくの話が終わってから、ちゃんと聞くからさ、それまで待とっか？」
しょうた「うん、わかったー」軽い返事。
和田　「今は、みんなに言われて、悲しかったね」
しょうた　うなづく。まっすぐ見てる。
和田　「しょうた君も気をつけようね」
しょうた「わかった」ちゃんと見てる。
＊＊＊＊＊＊＊＊＊＊＊＊＊＊＊＊
何でみんなが怒ったかはわからないかな…まだ。

「言われたからイヤだった」というだけしか残らないとしたら、人間関係の構築のところはずいぶん幼いんだと思ってあげたほうがいいよなぁ…。毎回みんなに言われて悲しい気持ちだけで終わるのはイヤだよね。しょうた君の気持ちを汲みつつ、なんでみんなが言うのかを、ていねいに一緒に考えていくのが大切かな…。

りょうが君のことばっかり注意するのは「何でオレばっかり怒られないかんのだ…」だよね。


りょうが君はじっと座っていられる時間が極端に短く、みんなのように参加はしないのですが、部屋から飛び出さずブロックなどをやって気持ちを支えながら、しっかり耳と心はみんなのほうを向いて話しあいに参加していると和田は考えていました。きっと、ずっと一緒にいる仲間たちもそんなふうに理解をしてくれていたと思います。しかし、最近仲間入りしたしょうた君にそんなことはすぐに理解できません。「ふ〜ん」という気のない返事がそれを物語っています。納得できないだろうなと私もこの記録を読んで感じました。

しかし、翌日の午睡時に、しょうた君もしっかりりょうが君を見てくれているのだと感じる出来事がありました。

記録㉖　六月一四日（火）
しょうたの中のりょうが

おひるねの時間、外にいたりょうが君が（いつも、休息のためにけやき文庫で五五分まで布団で横になっている）、

りょうが「先生…もう（支援室に）行ってもいい？」四五分ぐらい。

和田「りょうちゃん、11までガンバレ♪　りょうちゃんガンバレるよ♪　ねぇ？　こた？」

こたろう「うん。ガンバレ！」

りょうが「はぁ〜、はぁい」布団へ…。

和田「今日はりょうが君、ガンバレんかもしれんなぁ…」

しょうた「でも、きのうはガンバッテたよ。布団でずっと寝とったもん！　スゲーよね！」

和田「うん。そうだね。よく見てたね♪　りょうが君のこと『ずるいー』じゃなくて『すごいー』って言えるしょうた君もなかなかかっこいいよ」

こたろう「二人ともかっこいい」
しょうた「オヤスミ…」　照れた？
＊＊＊＊＊＊＊＊＊＊＊＊＊＊＊＊＊＊＊
「自分～！」しか感じてなかったので、友だちにもこうやって思いが馳せられる姿を知ってうれしく思った。大好きなりょうが君だからかな？　ここから、いろんな友だちにも少しずつ広がっていくといいね。

しょうた君の中に、「好きな友だち」がふくらんでいるのが感じられます。あそびの気が合い、おとまりに向けて協力しあう場面もともにくぐっている毎日の暮らしが、しょうた君の安心をつくっていっているのだと思いました。この頃から、しょうた君はおとまり会の取り組みでも「ちょっと怖い」と言えるようになり、嘘やごまかしで強がる姿がなくなっていきました。しょうた君だけではありません。〝父ちゃん母ちゃんと離れて子どもたちだけで寝る〟という未知の経験は、「自分一人だけでがんばってもどうしようもないこと」で仲間の中の自分を強く意識することでもありました。

りひと君とえみかちゃんは、こたろう君を仲間にし、強い結びつきで考えをめぐらしていきました。困ることがあると一人になりがちだったさきちゃんも、おとまり会当日にひとり廊下で泣いているところを見つけられ、「どうしたの？」「こわいの？」「離れないよ」と〝みんなが放っておかない、みんなは助けてくれる〟の経験をしました。怖がりの女の子たちには、たつき君やあのゆらちゃんが「大丈夫！」と支えになってくれていました。〝ダンマリ〟だったゆうなちゃんえみか

おとまり会で　泡ぶろ

ちゃんもみんなに「助けて」と言え、逆に自然なやさしさを友だちに向けられるようになり、夜の神社への探検散歩も全員で楽しむことができました。
「保育園に泊まる」という非日常体験は、「こんな仲間のそら組にぼくは私はいるのだ」という意識を強くさせたようです。その気持ちは、七夕会や夕涼み会で披露する「そら組太鼓」の取り組みにつながっていきました。

記録㉗　六月二九日(水)

たいこ
　帰りの会で、
和田　「七夕会でそら何やる～？」
子ども　「竹馬～」「たいこ～」…
和田　「竹馬は運動会にとっといて、たいこ見せちゃう?!」
子ども　「ヤルー！」
　急にもじもじし始めるゆら。和田と目が合う…。
和田　「どーした？　何かみんなに聞いてほしいことある？」
ゆら　前に出てきて「はずかしいんだもん」
　みんな聞いてる。
和田　「うんうん。ねぇ聞いていい？　はずかしいからやりたくない？　はずかしいけどやりたい？　どっち？」
ゆら　「やりたいけど、ドキドキするもん」
和田　「だって、みんな…」
みんな　「助けてあげるー！」
ゆら　「…おねがいします…」
和田　「みんな助けてくれるか…。さすがおとまりやったみんなだね。ゆらちゃんもちゃんと口で伝えてステキだったね」

翌日、

和田　「ゆらちゃん、今日誕生日会のあといこやるよ♪　誰とがんばるか決めよっか？」

ゆら　「ねねちゃんとがんばりたい」

和田　「よしお願いしにいこう♪」

‥

友恵さんと園長さんが見にきてくれた。やらんかな…と思ったけどフニャフニャしつつもやりきった。りひともフニャフニャしてた。

‥

帰りの会で、

和田　「たいこ今日かっこよかったね。ゆらちゃんもゆうなちゃんもステキだったよ♪　どうだった？」

ゆら　「がんばれてうれしい…」

和田　「うん♪　まだちょっとフニャフニャと言えだけどな(笑)…フニャフニャだったばりー君もフニャフニャだったねぇ。どうだった？」

りひと　「…あのね…ちょっとドキドキしてたの…」

こたろう　え〜?!　って顔。

和田　「こた、知らんかった?！」

こたろう「うん、だって言わんもん」

りひと　ハニカミ顔。

ひろむ　「みんなでガンバローー！」

＊＊＊＊＊＊＊＊＊＊＊＊＊＊＊＊＊

お泊まりのときからそうだったが、ゆらは自分の弱い気持ちをみんなに聞いてもらえる安心感をしっかり育ててくれているんだなと感じ、うれしく思った。揺れて、考えて、決めて、実行する強さがゆっくり育ってきたね。七夕会、夕涼み会が楽しみ。

りひとはつっこまれないと言えないけれど…。つっこまれて言えるなら、今はまだていねいに見落とさないようにしていこう。

えみかが、家で母に、

えみか「たいこ、ドキドキする。七夕会まであとちょっとだもん…」

母　「じゃあ、家でも練習したら?」

えみか「一人でやってもダメ！　みんなであわせるのがむずかしいの！」

と言っていたそうだ。

「自分」がうまくできれば…から、みんなでかっこよくやりたい、に願いが変わってきたのを感じた。

えみかちゃんの「一人でやってもダメ！　みんなで合わせるのが難しいの！」という言葉は、和田にとってとてもうれしいものでした。一人ひとりの中で、確実に「自分さえよければ」ではない、「みんなの中の自分」「自分のいる仲間集団」が少しずつ芽生えていることを感じました。また、おとまり会やたいこの取り組みのなかで〝困ったことがあったらみんなに言ってみる→みんなが聞いてくれる→安心→みんなの中へより深く入っていける〟というクラスのカラーが見え始めました。「みんなとカッコよくやりたい」が全員の願いになるのは、運動会以降に続くことになります。

悩める職員集団、「保育がこわい」

かっとうしながらも、友だちの中で自我も人とかかわる力も相手を理解することも、少しずつ広がっていく子どもたちのまぶしさと裏腹に、職員たちは和田実践を通して新たな疑問や悩みを抱えていました。

赤裸々に、自分のダメだったことも隠すことなく、何よりもたくさんの日常を記録にして出してくる和田に、若い職員たちは「こんなふうに、背景も把握してもらった安心感っていいなぁ」「私なら、そのときに起こった表面しか追求できないよ」と言いながら、それぞれの保育でも現象面だけを取り上げる保育ではなく、そこに何があるのかと子どもたちの本当の気持ちや要求を探る保育が行われていました。しかし、「受けとめるって、本当に難しいです」「寄り添っていたら、その子のワガママじゃんっていうことも思いどおりになる保育になっちゃって、釈然としないのです」という発言が、毎回のように出されていました。和田自身も実は、4歳児の後半から自分の保育がこれでいいのか悩んでいました。

「寄り添うばかりの保育をやっていると、なんだか気を使ってばかりの気がするのです。思うように何がどうだったのかわからないと『こんなにも君のことを思っているのに』と悲しくなることもよくあります。こんなふうに〝気を使い過ぎている保育〟で、本当にその子は心を開いてくれるのでしょうか」と。

＊子どもたちの気持ちを先取りしていないか？

また、私自身、和田記録の中に保育のもっている危険性も感じることがありました。たとえば、りひと君とゆらちゃんが目前に迫っている春まつりの練習前に、ささいなことでケンカになったときも、そのトラブルの原因を飛び越えて「ハイハイ、劇の練習があるからドキドキしていたのですか？」と和田のほうから背景を先取りして言っている記録がありました。「どんな行為にも、必ず理由がある」を軸に保育にあたっている職員たちだから、起こった事実だけを取り上げて頭ごなしに怒るような保育はしていません。しかし、その行為のうしろにある本当の気持ちに寄り添うことを実践していくなかで、知らず知らずのうちに子どもたちの気持ちを先取りして深読みして決めつけてしまう言葉がけが出てきたのです。

同時に、気持ちを言うことに重点を置きすぎて、「言ってごらんよ、こう思っているのでしょう？」的な〝気持ちを言ってくださいオーラ〟全開で迫ってしまう場面も、「それは本当に言いたい気持ちだったのか？」「言ってすっきりしたのは、子どもたちじゃなくて保育者なのじゃないか？」という自問をした職員会議もありました。保育だけでなく、給食職員の食事介助実践でも、看護師のケガの手当実践でも同じでした。

そして、こんなふうに保育園全体で「わかっているよ」と深読み・先走り保育がくり返されると、子どもたちのほうも困っている友だちに対して「言わなくてもわかっているよ」とかんたんに寄り添ったり、安易に「ドキドキしている」と常套句のように言ったり言われたりする場面も目にするようになり、職員たちは「何かが違うぞ！」と気づきだしたのでした。

「主体性を育む保育」は、私たちの保育の柱の一本です。大人にやらされるのではなく、その子がどう感じてどうしたいのかを大切にする保育。しかし、「うちらの保育って、主体性を大切にする保育をめざしているけれど、本当にそうなっている？」という疑問が日に日に大きく膨らんでいきました。子どもの本当の気持ちを大切にするあまり、その保育がパターン化してしまう危険性や、主体的な保育とは程遠い「そんなふうだと、○○ができないよ」「眠れないなら、廊下にいてください」という言葉がけをしてしまう保育を、職員集団としてどう考えるのか？　この年度の初めに大きな課題が見えました。

＊保育をとらえ直し、新たな学びへ

不謹慎かもしれませんが、こんなふうに現場の職員たちが壁にぶつかり悩む姿を見ると、私はワクワクします。かつての自分がそうであったように、こんなふうに悩んだ向こう側には、必ず新た

な学びがあるからです。私自身もついつい保育者の想いが先行しがちな保育なので、このときの和田や職員たちの悩みはおおいに共感できました。さっそく、主任たちと相談して新たな学習を位置づけることにしました。どうせやるなら、自分たちにない視野を広げてくれるものをと、徹底的に主体性を育むコダーイ研究の保育を、定期的に学ぶ会を設けました（今も交流のある民営化された則武保育園の先生たちから教えていただきました）。「生活も日課もその子のものです」と言いきる伊藤なおみ先生（名古屋コダーイ研究所もんもの木）は、私たちの「でも、だって…」という声をていねいに受け止め、違う角度の見方を教えてくれました。けやきの木の職員たちがステキなのは、教えのすべてを文句なく受け止めるのではなく、「いや、そこはそうは思えない」「うちの園にはうちのこだわってきたよさがあるから」と譲らない部分も隠さないところです。そのかっとうのなかで、自分たちにはない視点を学び「おいしいところを頂きます」と新たな学びを自分たちのものにしていくことがくり返されています。

気持ちを大事にすることに重点が置かれるばかりで、「とことん遊びこむ」ことはどうだったのだろう？　主体的に遊べと願いながらも、保育環境はそのように充実していなかった事実等が、明らかになっていきました。そのなかで「これで遊びたい」と思える教材づくりに目覚める職員がいました。発達を促すあそびの視点は、身体づくりにも直結していました。そして、「自分が自分らしくいられる時間」を保障することは、やっぱり「本当の気持ちを出せる仲間の中でつくられる」とこれまでの自分たちの実践を、確信をもってとらえるようにもなりました。

和田自身は、保育の中で「これが正解でしょ」と自分の言葉が子どもにとってすぐに正解になってしまう危険性をはらんでいることを自覚しつつ、あと一年足らずで子どもたちが羽ばたく小学校集団では、けっして先回りして気持ちをわかってくれる環境があるわけでもないのだから、けやきの木にいる中で安心して気持ちを言える経験を耕し、自分から言って何とかなった経験や、言ったら友だちが助けてくれた経験をたくさんお土産にして卒園させてやりたいと腹が決まったようでした。本当に、それは保育者の想い優先のやらせる取り組みではないのか？　そこに、子どもたちの「やりたい」と思える暮らしのいぶきはあるのか？　の問いかけを常に胸に置きながらであります。

こんな論議の最後に職員会議の場で和田が言った言葉が忘れられません。

「こわいなーぼく…保育って」

きっと、そこにいる職員たちもハッとしたと思います。記録で子どもたちの姿を次々に見せて考えを表明している和田自身が保育を怖がっている。だって、保育者の思いこみや勝手な価値観で、人格を持った子どもたちのその日その一瞬を育てることも押し殺してしまうこともあるのが保育なのだから。

それが　保育。

それが　保育は人なりの核心です。
だから、学ぶことをやめない。
それが、保育者です。

一人ひとりが自分を出しきって

夏のプールからさらに子どもたちはぐんぐん成長していきました。身体だけでなく、心もともにです。えみかちゃんとの閉じた関係と言われていたりひと君は、こたろう君をとっかかりにして、他の男の子集団にも交流が広がっていきました。そして得意ではないプールの顔つけも、自分から和田に「顔つけやりたい」と宣言をしたのです。それには、プールに向かうときにこたろう君が言った「そら組全員で、顔つけやりてーな」というつぶやきと無関係ではないでしょう。そして、女の子たちのがんばりがりひと君へも伝わって刺激しあって一皮むけたことがわかります。

記録㉘　八月一〇日(水)
ののちゃん、カミングアウト

プールの時間、浅いプールで遊んでいる、ののちゃんとなおちゃんのところへ。
顔つけができるようになったなおちゃんと、

プールおしまい会のことを話していると、
のの「あのね、みんなみたいに泳ぎたいんだけど、怖いんだもん」
和田「そうだね～、水って最初怖いって思うよね」
のの「でも、やってみたいんだもん！」
和田「まかせとけ！　みんなも教えてくれるよ♪」「ね～なおっぺ？」
なお「うん、そうだよ。あ、えみちゃん呼んでこよう！」（なおはえみかに教えてもらった）

三人で練習して顔つけができるように…。
えみか「ののちゃんすご～い！」
のの「プールおしまい会、がんばる♪」
＊＊＊＊＊＊＊＊＊＊＊＊＊＊＊＊＊＊

ずーっと笑ってごまかして、浅いプールにいたけれど、やっとこさ言えたね♪　気持ち言えたら、あとはまかせとけ。友だちだって、みんな応援してくれるぞ♪　いいじゃん。

記録㉙　八月一五日(月)
りひと・プール

顔つけができるようになったののと、えみか、あやめが一緒に遊んでいるのを、りひとはじっと見てる。和田と目があうとス～っとやってきて「りー君も（顔つけ）やりたい」と言ってきた。
和田「もちろんだ！」と二人で浅いプールで練習していると、えみかが、
えみか「りー君も顔つけやるの？」と教えにくる。「一緒にやろ～♪」

大きいプールのふちっこで、あやめ、こた、ひろむ、のの、なおの六人で練習。

えみか「…8、9、10！　すご～い！　りー君もう10もできた！」
あやめ「えっ、あやめよりすごい…」
りひと　キラッキラの顔。
　プールから出るとき、
りひと「夕方もやっていい？」

＊＊＊＊＊＊＊＊＊＊＊＊＊＊＊＊＊＊＊＊
　あやめ、えみか、なんてホメ上手なんだ。そして、りー君変わってきたね。このままじゃイヤなんだよね。受け身人生から少しだけ出てきた？　そら（組）最後のプール大会への意気込みも感じた。

　一方のえみかちゃんも、春先には竹馬や跳び箱に対しては、あきらめのような逃げの姿だったなおちゃんやののちゃんらを、ずっとあやめちゃんらと一緒に支え続け、練習に付きあっていました。それに応えてなおちゃん、ののちゃんもふんばって、見事にやれるようになっていきました。自分ができたとき以上に、がんばっていた友だちができるたびに、大よろこびをしている子どもたちを見て、感激屋の和田は何度も目頭を熱くしていました。
　この頃グループ替えをする際、えみかちゃんはこんなことを和田に言いにきました。「えみちゃんは誰とグループの仲間になってもいいけれど、みんながえみちゃんとはイヤって思ったらイヤだな」。自分の気持ちをなかなか出せずに困った表情で仲間をながめた二年間を、えみかちゃんは無駄にはしていないなと思いました。友だちをしっかり見てきた分、仲間の気持ちを感じる不安も出ているのではないでしょうか。

同じようにこたろう君も、リレーで何が何でも自分がアンカーにこだわり、練習で負けると「負けるからチーム替えしたい」と言っていた夏だったのに、運動会目前には、「おれがアンカーじゃないほうがチームが早いかも」と、アンカーをひろむ君に譲る姿がありました。譲られたひろむ君もまた、最初は負けそうになるとわざと転んで立ちあがらない子でしたが、思わぬ仲間からの「ひろむがアンカーだと勝てる！」というエールに、最後は本当に真剣に仲間のバトンをつなぐことを大事にし、「オレ、アンカーがんばるわ」と実にいい顔で宣言するまでになりました。リレーは真剣勝負。どんな感情も出さなかったりひと君だって、リレーに負けたら悔しくて泣いてしまいました。もはや能面のりひと君はいません。「みんなで」の気持ちと「自分が」の気持ちの両方がたくましく育っていました。

リレーは、運動会で何をやろうかの相談のときに、一番初めに「やりたい種目」としてあがった意見でした。走ることが得意ではない友だちもいる中で、自分一人が早くても負ける、自分は遅くてもチームが勝つこともできるリレーは、まさに「かっとうと話しあい」の種目でした。「そら組らしいかっこいい運動会をやりたい」のど真ん中にリレーがありました。

勝ち負けがはっきりする種目ゆえにひるむ子もいるし、投げやりになる子もいます。が、そこは5歳児。走るのが遅かったりやりたくない気持ちを出してくれた友だちに対して、「じゃあ、どうしたらやれるのか」をみんなで考えて練習をくり返します。うまくトラックを走ることができないこうちゃんだって、「絶対参加しないとダメ！」が仲間たちの総意でした。当日はこうちゃんをトップバッターに手を抜かず、一人ひとりが「私はやります。やれるところまで」とそれぞれの力を発揮したバトンリレーが、親たちの心に響きました。みなさん大声援で応援してくれていました。

オレたちって、スゲェ

「そら組らしくかっこいい運動会にしたい」というクラスの願いが達成された自信は、一人ひとりにまた返ってくるのだと教えられました。シビアな話しあいでは消極的だったさきちゃんは、「さきも一緒に遊んでいたからさ」と最後までケンカの仲裁をするようになり、あの激情型のたつき君も、友だちのうっかりには怒りを抑えようとがんばる姿が見られ、しょうた君に至っては、お化け屋敷のお化けづくりの共同製作で、自分の失敗を笑ってごまかそうとするも、仲間たちが真剣に「どうすればよいか」を考えてくれる経験を真顔で受けとめる姿が見られました。友だち関係も、変化が現れました。

記録㉚　一一月一五日(火)
あやめ・えみか・ゆらの関係

おばけやしきスタート前、
あやめ「ゆら、準備できた?」
ゆら　「まだー!　むすべんもん!」

えみか「やったるわ！　はやくしんとお客くるよ！」
ゆら「そんなこと言ったって、できんのだからしょーがないじゃん！」
あやめ「ごめんごめん、わかったってば」
えみか「よし！　雪女ＯＫ？」
ゆら・あやめ「ＯＫ！」
ゆら「ほかの子は？」
えみか「聞いてくるわー！」
＊＊＊＊＊＊＊＊＊＊＊＊＊＊＊
この三人の関係って本当にフラットで対等で気持ちいい。三人ともお互いにいいところをひっぱりあいっこして…。あやめもえみかも、ゆらにひっぱられて明るくなった…。ゆらは、二人との関係でさらに安心・自信を太らせてる。いつも楽しそう♪

遠慮のない、素の自分をわかってもらえている安心感が伝わってきます。ドキドキの劇あそびでも、そんな友だちをわかってか、実にウイットにとんだ助け船を出す友だちたちがいました。

記録㉛　二月七日(水)
ゆうなへのお誘い

スイミーの劇あそび。役がドンドン決まっていく中で、ゆうなは決められず。
和田「ゆうなさんど～する？　やる？　やらない？　やろ～ぜ♪」
ゆうな「え～…」やりたそうな顔。
すると、ののが、
のの「私と一緒にクラゲやりましょ～♪」
&なおが、
なお「私とウナギもやりましょ～♪」

と、踊りながら誘いにきてくれた。みんな大爆笑。ゆうなも♪

和田　「えびもイソギンチャクもこんぶも、いっぱいあるからね。しっかり相談してね」

三人でウナギのならび方やイソギンチャクのフォーメーションなど相談しあって、笑顔で参加できた。

＊＊＊＊＊＊＊＊＊＊＊＊＊＊＊＊＊

友だちよ、ありがとう。ゆうな、やりたそうな顔してたもんね…。ののやなおの自然なやさしさがありがたい。ゆうなさん…ドキドキいちいちするんだねぇ。りひと、えみか、ゆらは、そういうの抜けたなぁ…。何の違い？　個性もあるけど、仲間…かな？

ゆうなちゃんは、「ジブン」がしっかりある子です。雰囲気で流されたりはしません。やれと言われてやるくらいなら、とっくにやっているタイプで、ゆらちゃんと少し似ています。でも、背中を押すのは大人ではありません。「きっとやりたいのだろうな」という気持ちをわかってくれる、そして直球ではだめで、仲間たちは変化球の笑いをもって誘ってハードルを下げてくれているようにも感じます。なおちゃん、ののちゃんナイス！　和田の言うとおり「友だちよ、ありがとう」です。

卒園を前にした春まつりでは、そんな一人ひとりの特性や事情を持った仲間たちが、みんなでやれる劇にするために、どうしたらよいかを話しあおうとする姿が見られました。ここでは、運動会以降自信をつけた女の子たちが、話しあいの核になってくれました。演目決めで単純多数決で決めてしまおうとする（しかも自分たちが多数派だからとタカをくって話しあいでふざけている）男の子たちに、「もう！　どうしてこれがやりたいのかの気持ちを言ってくれないと、困る」と発言するねねちゃんがいました。自分たちは「スイミー」をやりたいけれど、こうちゃんが生きいきとやれるのは、泥棒役で食べ物を食べる場面のある「ブレーメンの音楽隊」だということも、ののちゃんはわかっていて、一生けん命それを発言しています。やっと、男の子たちもその気持ちを理解し、どっちをやりたい人が多いかではなく、みんなでがんばれる演目はどっちかを考え始めました。自分たちがやりたいことを押し通すのではなく、仲間たちみんながやれる劇はどっちなのかを考える5歳児らしい合意の形成が見られる話しあいでした。

練習も「つい、ふざけるのはイヤだ」「そら組として、ちゃんと劇を見せたい」「お父ちゃんたちや、わかばさんたちが『すごいな』って思ってもらえるようなブレーメンをやろう」という意見が出るのです。どうしてもはずかしくて大きな声を出せないゆうなちゃんやゆらちゃんは、「たすけて」の発信をがんばりました。でも、「一人でせりふを言いたい」「みんなとやりたい」の気持ちも忘れませんでした。

大道具も小道具もその出し入れも全部子どもだけでやりたい。幕間は「ただいま道具を変えています」のプラカードをつくって、こうちゃんと幕前を歩く。こうちゃんが言えるせりふは「おいし

〜」だから、そこだけがんばってもらって、あとは酔っぱらいの泥棒役として、介抱しながら一緒に動こう、と子どもたちは自分らで考えていきました。お話の気持ちになること、ふざけないこと、大きな声で言うことを胸に置きながらの本番。ゆらちゃんは初めて春まつりの舞台に立ち、一人でせりふを言いました。となりのねねちゃんにしか聞こえない声で確かにせりふを言いました。「言った、よし!」とそのときねねちゃんは仲間たちに伝えていました。自分が一番たくさん、一番早く小道具のチキンをとりたいはずのりょうが君は、「オレ一番最後でいい」と仲間たち全員に小道具がいきわたっているかを確認していました。二二人が声を合わせて歌いあげるブレーメンの歌は晴れやかでした。

「子どもってすごいっすね」

またもや、和田の目は真っ赤になっていました。そして苦手のオルガン伴奏を間違えてしまい、子どもたちに「落ち着いて」と励まされる始末……。実に、このクラスらしい春まつりの発表となりました。そのとおり、「オレたちって、スゲェ」を、親たちの表情や大きな拍手で感じた子どもたちがいました。

なりたい自分

卒園を前に、そら組はみんなで遊べる残り少ない時間を思いっきり楽しく過ごそうと、園庭で、散歩先で、保育室で〝ひとかたまり〟になって遊ぶ姿が毎日見られました。三年前の「トラブルのモグラ叩き状態」からは考えられない集団の姿でした。クラス集団の中にどんな自分でも仲間はわかってくれているという安心感があると、こんなふうになるのだなと思わせてくれる5歳児最後の姿です。声の大きい者の意見だけでみんなが動くのではない、誰かを線引きして排除をしたり、気のあう者同士だけが仲よく固まっているのでもない、一人ひとりが大事にされる私たちの目標とする集団の姿です。大事にされている子どもたちは、なりたい自分にも正直になっていくように思えます。

記録㉜　二月二三日(木)

ブラボーこたろう！

昨日と今日、こたろうの様子がおかしい。片づけのときも率先して、

こたろう「お～い♪　帰りの会はじまるぞ～」

と片づけをしたり、

こたろう「そんなら手伝ったるわ～」と友だち

に言ってくれたり、
こたろう「ブロックあとからもやれるよ。ここにおいといたら?」とりょうがにやさしく言ってくれたり、
こたろう「おい!　大事な話だぞ!　しずかにしろ〜!」と言ったり…。
そんなこたろう君に、
ゆら　「こたろう君、ブラボー♡」
と手を叩き(笑)、みんなで笑いながら認めていた。
＊＊＊＊＊＊＊＊＊＊＊＊＊＊＊＊＊＊
まぁ、ただのはりきりでさ、一時的なものかもしれないけどさ、まぁ、そうだろうけどさ(笑)。「オレ、こんなふうになりたい」って願いをちゃんと持ってて、誰に言われたわけでもなく、やってみれちゃうんだね。

自分らしくいられる、仲間の安心感

「もうすぐ、小学校に行っちゃうからね」

淋しがる私たちをよそに、卒園間近のそら組はますますキラッキラしていました。バラバラの学区に巣立っていく子どもたち。大人にとっては「お別れ」のイメージが強い卒園式も、未来を見つめる子どもたちにとっては、あくまでも「門出」の卒園式です。「どんな卒園式にしようかね」の話しあいも、実に楽しげに、いろんな意見が飛び交います。そのなかで、「気持ちの表現」に苦労

してきたこのクラスらしく、最後は思いっきり「自分たちを絵で表現する」べく、大共同画に挑戦することになりました。

話しあいでは、楽しかったことを全部描くことと、けやきの木を真ん中に描くことが決まりました。楽しかったことは全部で八つ（おとまり保育・たいこ・プール・おばけやしき・運動会・遠足・ドッチボール・春まつり）になりました。誰がどこを描くのか、この場面は描く人数が少ないとわかると、では誰が移動して分担しようか、「どうすればうまく製作ができるのか」を、みんなで知恵を絞っていました。また、中央のけやきの木は、いきなり墨でライン取りをしていくのですが、その役に手をあげてくれたのは、こたろう君・えみかちゃん・あやめちゃん・りひと君でした。

3歳児の頃からずっと描くことに自信がなかった子たちばかりでびっくりですが、ずっと自分たちを園庭で見下ろしてきてくれたけやきの大木を、自信を持って描いてくれました。こたろう君がまず幹の部分を真四角に描くと、「あれ、枝は?」という声が聞こえます。一瞬「あ、まずかった?」という表情を見せるこたろう君に、りひと君がすかさず「いいよ、いいよ、ちゃんと（木のように）なっているよ」と声をかけてくれました。これまで、失敗を恐れて挑戦することさえも臆病になっていた子どもたちが、失敗したってそこから何とかできることを、もうこの集団は知っていました。

夏のおばけやしきごっこで、グループみんなで「ひとつ目小僧をつくろう」と決めたのに、しょうた君が思わず目を二つ描いてしまったときもそうでした。うなだれるみんなの中で、「百目にすれば大丈夫」と言ってくれたのもりひと君です。「そうだね、そのほうがひとつ目よりもずっと怖いよね」。みんなが笑顔になりました。失敗した子をみんなで責め立てるのではない、「では、どうしたらよいか」をみんなで考えあえる、そんな安心感が集団の中でつくられるのです。

卒園共同画は、こたろう君のけやきの幹にあやめちゃんが思いきりよく枝を伸ばしてくれ、それをみんなが見守っていました。その周りを囲むそれぞれの場面も、「自分が描きたいように描く」作品ではないことをよく理解し、複数の仲間たちで「どんなふうに描くといいのか」意見を出しあいながら、一回下描きをして「あ、それいいね」「ここはこう描こうよ」とみんなの意見でデッサンを決めていくのには感心しました。その作業も線描きが得意な子、えのぐぬりが上手な子、それぞれの得意分野を出しあって、「ここ何色にする？」「赤！」「黄みどりもいいかも」とぽんぽん意見が出るので、おもしろいようにできあがっていくのでした。

一人だけでは絶対にできない、とてつもなく大きな共同画ができあがりました。最後に、全員のしるしを指先でけやきの幹の部分に押して完成です。

「すごーい」「大きい…」全員が絵を囲んで見つめています。

いろんなことがあったね。全部、みんなでくぐってきたね。

想い出の全部に仲間たちがいました。

▲ それぞれの子が得意分野を分担して

こたろう君の描いたけやきの幹に、
あやめちゃんが思いきり枝をのばす ▶

仕上げは、みんなの手型を押した葉っぱを枝にはり付ける

やった〜!!　みんなの力があわさるとすごいね。大満足で記念撮影

「楽しかったね。保育園」

卒園式当日に、晴れ晴れとその絵を掲げ胸を張る二二人です。「誰も、わかってくれん」と、とがったまなざしを向けていたあの日。どんなふうに気持ちを表現したらいいかがわからなくて、とにかく暴れ怒った日々。気持ちを聞かないでと、カラをおおい、口も心も閉ざしてやり過ごそうとしたあの頃。

きっと、それらの日々を思い出しているのは大人たちだけでしょう。子どもたちはみんな明日を見つめていました。その眼にはもうかげりはありません。いつまでもその眼を見ていたい幸せな気持ちになった卒園式でした。

君たちの中には、「なりたい自分」がちゃんとある。
その願いは、きっと仲間の中でかなう日がくる。

自分らしく生きてほしい。困っている友だちがいたら、何を困っているのかを一緒に考えてくれる人になってほしい。君たちはそれができる人だ。わかってくれる仲間の中で、気持ちを出せる心地よさを知っているから。人とのかかわりをあきらめないで、みんなの幸せを考えられる人になってください。それが、私たちの願いになりました。

感性の扉

卒園後、膨大な彼らの「ちょこっと記録」を注意深く読みほどいていくと、3歳児クラスのときにもこんな記録がありました。

記録㉝　三月二日　3歳児みかん組

りょうが「うれしかった（涙）」

　わかばとの合同リズム。ワニのとき、りょうがまったく足を使っていないので、

和田　「りょうちゃん、こうだよ。そうそう…」

と介助に入った。最後までいったがすご～くくもった顔。

和田　「どした？　あれ？」

りょうが「あ～あ、やりたかったなぁ…」

和田　「もしかして先生が手伝ったのがイヤだったの？」

りょうが　うなずく。

和田　「そうか！　ゴメン！　もう一回自分でやる？」

りょうが「うん！」

和田　「みんな聞いてちょ……応援よろしく！」

わかば・けいご「ガンバレー！」

　わかばもみかんもみんなで「ガーンバレ♪ガーンバレ♪」の大合唱。

最後までがんばって、
りょうが「みんながガンバレしてくれてうれし
かったぁ」と涙した。
＊＊＊＊＊＊＊＊＊＊＊＊＊＊＊＊＊＊＊
みんなが応援してくれたことが泣けるぐらい
うれしかった。和田に手を出されるのがイヤな
くらいやる気だった。なんか心がツルンとして
いそうでそうじゃない。うれしくってぼくも泣
けた。けっきょく足を使わないワニだったけど
今はそんなことよし！　まずは意欲！　あと、
みんなの中で！　を中心にやっていこう♪

「うれしくって泣ける」そんな感情が3歳児で培えるって、なんということだろう。記録はだいたい月曜日の朝、その週の週案と一緒に事務室の提出ボックスに入れられます。私や主任は、こんな記録を朝一番で読みながら一緒によく泣きます。「おはようございます」と泣きながら記録を読んでいる私たちを見る親たちは、ぎょっとしていることでしょう。そして、記録検討や職員会議でもみんなじ～んとします。子どもたちがステキすぎて、その成長がまぶしくって、この子たちに負けない心も健康な大人になろうと思います。

親だって、仲間づくり

秋に行われた法人後援会の取り組みで、えみかちゃんのお母さんがマイクを持ってこう発言をされています。

「私たち親は、毎日和田先生からおたよりやノートで保育を伝えてもらっています。そして、子どもたちに仲間って何か、集団って何かを教えてもらっています。だから、大人も負けられません」と。えみかちゃんのお母さんもえみかちゃんと同じように3歳児入所で親集団の仲間入りをした方です。うわべだけのお付きあいで終わらせることもできるけれど、それまでにできあがっている親集団の中に入って、自分が感じたことを黙っているのではなく、最後の5歳児で役員を引き受けて、みんなが心地よく保育園生活を送れる父母の会活動をがんばってくれていました。

他のお母さんたちも同じです。第一子のときは、「年配のお母ちゃんたちは怖い〜」と同年代で固まっていた若いお母ちゃんが、あいかわらず年は上のお母ちゃんたちが起こしたちょっとしたトラブルの輪の中で、後ろに引かずしっかり話しあいの井戸端会議の中にいるのは、園長としてとってもうれしい姿でした。バザーで初めての取り組み、父ちゃんたちの「イクメンの店：巨大段ボール迷路」を大成功させてくれたのも、このクラスの親たちが中心となってでした。

想いが先行して先走ってしまうお母ちゃんも、どうしてそんなにのんびりできるの？　の方も、びっくりするほど計算が早くてきちんきちんと物事が運ばないとムズムズしちゃう方も、父母の会の仲間もいろいろです。メール文化で誤解が起こったり、よかれと思ったことがとんでもないことになったり、失礼ながらこの親たち集団もなかなか興味深いものがありました。卒園式間際まで、次から次へと起こるトラブルに、私は大変おもしろく見させてもらっていたのですが、担任の和田はそのたびにオロオロして事態の収拾を図ろうとしていました。「あの子たちの親たちだよ、大丈夫。おまかせしましょう」と私は大船に乗って見物をさせていただきました。

我が子たちが「友だちにはそれぞれいろんな事情があるようだ」と理解して、「自分はこんなところがあるのです」と隠さず表現しながら強いつながりをつくっている営みを、一番近くで見守っていてくれた親たちです。心のこもった卒園までの花道を、しっかり準備をして子どもたちにつくってくれると信じていました。保育で子どもが育つ。そのとき、親たちも何かを感じてくれているに違いありません。

終章

子どもも大人も
自分らしく

子どものまなざしが伝えるもの

和田実践をあらためてふり返ると、無我夢中で子どもたちと格闘してきた三年間だったけれど、何と多くのことを子どもたちから教えられたことかと実感します。和田が記録に残したいと思う場面は、子どもたちが何とも言えない表情をしているときが多かったそうです。困っているとき、そばにいても担任の和田さえもその困り感が理解しきれなかったとき、「記録にしてみんなにも考えてもらおう」と思ったのではないでしょうか。

私も、これまで保育士をやるなかで、子どもたちの「まなざし」が一番気になるところです。それは、第1部Ⅰ章に出てくる子どもたちも同じで、思い出されるのはその場面場面の子どもたちの眼です。本当の気持ちを誰にでも言えるなんてことは、大人になっても難しいことだとは思いますが、どんなに気持ちにふたをしてしまおうと、怒りとして暴れようと、人はそのまなざしに感情をたたえるのではないでしょうか。

まなざしは語っている。

和田はその表情が引っかかったのです。そして「わかりたい」と思いました。そうです。現場で出会う憂いをたたえた子どものまなざしに、保育士はそれを「わかりたい」と思う生き物なのです。たとえ保育者自身が「なんでも言えます」という生き方をしてきていなくても、子どもを相手にすると「人はわかりあえないものだからあきらめな」なんて思えないのではないでしょうか。事実、和田は保育士になるまで紆余曲折の人生を生きながら、それまで「みんなをわかりたい」なんて思ったことはなかったと言っています。気持ちなんてそうそう出さないよ。本当の気持ちなんて、わかる人だけがわかってくれればいい、と思いながら生きてきたと。

でも、保育士になってけやきの木で保育をして五年たち、今何を思うかと言えば、「仲間の中でどんどん変わっていく子どもたち」を目の当たりにし、「あぁ、自分も仲間たちと生きてきたっけ」とあらためて感じられたというのです。やんちゃな学生時代を経て、自分一人だけで自転車で日本中の好きなところまで旅をし、ふるさとに戻って夜のカウンター越しから人間模様を見つめて、「やっぱり、人とかかわりたい」と保育士の資格を取った変わり種です。出会ったすべての人が、今の自分をつくっているとしたら、この子たちにも、いい出会いとその子らしいかかわりをできるように励ましたい。和田の保育には、そんな思いを感じます。そして、そんな和田がいる職員集団には、また別のそれぞれ個性が光る職員たちが、その人らしいこだわりや感性で保育が行われています。

いろんな職員がいる。

だから、どの子も救われる。

そして、子どものまなざしをその感性でキャッチして放ってはおかないのが保育園なのです。まなざしの中には、その子の願いが見えるからです。

子どもってすごい

当初は困り感発信の記録ばかりだったのが、やがて記録にして職員みんなで考えるスタイルになるにつれ、記録に出てきた子どもたちの理解がどんどん進んでいき、次第に「困り感」だけではなく、「友だちのことまで考えるようになった」変化や、「こんなことを願うなんて、なんて大きくなったのだろう」という成長の記録が増え出しました。大人が何とかさせるのではない、子ども自身に育つ力があることを、私たちはそのたびに実感するわけです。「子どもってすごいね」そんな言葉が、職員会議で何度もくり返されます。

その子の願いをみんなで理解する。

その子の願いをみんなで励ます。

それが保育の営みになっていきました。そうすることによって、若い保育者たちは、寄り添うとの難しさや、気持ちをひもといたり、集団で何でもかんでも話しあうことの危険性も感じていきました。発達の主体者は子どもなのに、気をつけないと、大人主導で理解を押し付けたり、願いを先取ったりする怖さが保育にはあるのだということも知っていきました。子どもや親たちには申し訳ありませんが、保育者だって発達途上の人間です。よかれと思ったことが、子どもにとってはお節介だったり、勘違い保育だったりしながら、「その子がどうありたいのか」の保育へ近づいていくしかありません。しかし、思いこみのひとりよがり保育にならないために、職員集団があるわけです。その場に記録を通して自分の保育を出すことで、それを集団の目で考え軌道修正できるところが、保育園の職員集団がある強みです。

そして、困ったときは「その子がどうありたいのか」に立ち返って、それを励まし支えると、子どもたちは自分で道を切り開いていこうと、困難やかっとうをのり超えていくのでした。和田実践はそんなあらゆる願いを寄り添い掘り出す作業を、いつも仲間の中でやっていました。すると、いろんな子がいて、それぞれにその子の事情があることが、仲間の理解になっていきました。それが「仲間の安心感」になっていき、それがあると人は安心して自分らしさを表現していけることを、子どもたちは教えてくれました。またもや「子どもってすごい」、心からそう思える瞬間です。

人生の最初の六年間を、どの子も豊かに

人とかかわる力って、あたりまえにどの人も身につくわけではありません。保育の現場にいると、どの子も最初は多かれ少なかれそうそう上手に人とかかわれるわけではないことを知っています。それでも、集団生活の中で「いろんな人がいること」や「自分とは違う考えを持っている人がいること」を知りながら、いろんな人と折りあいをつけたり、集団で合意を形成できるような力を身につけていくのだと思います。

自我が芽生え、自己をふくらます発達段階の早いうちから、大好きな大人（保育者）とそのまわりにはいつも友だちや仲間がそばにいる「集団保育」に身を置くことは、どんな意味があるのでしょうか？

開園の年にいろんな事情を抱えてけやきの木保育園に集まった子どもたちは、わずか二、三年で卒園していった子たちもたくさんいます。困難な背景を背負いながら、荒れまくる姿をその子の感情表現の入り口とみて、とにかく受けとめ「ここは何でも言っていいところ」の安心感と、「ここにくれば、楽しいことがたくさんある」のあそびを保障してきました。とがったまなざしが、信頼

できる保育者の前だけは、素のま～るい眼に変わり、「大丈夫、どんなあなたでも私たちは大好きだよ」のメッセージを発信し続けながらの保育実践でした。

しかし、わずか数年だけの在園期間では、どうにもできないのかと感じることもしばしばでした。どんなに受け止めても、ほんの小さなきっかけでいつもの不安感が呼び起こされ、とたんに周囲を寄せつけぬ荒れた姿に戻ることはしょっちゅうでした。

第1部二九頁で述べたまさき君もその一人でした。一人親家庭で長時間保育をがんばっていました。本当は、赤ちゃんや小さい子にはとてもやさしいのに、集団が大きくなると自分の居場所を探して鋭いまなざしを周囲に向けます。じゃんけんに負けただけでも、あそびに入りそびれただけでも、彼にとっては自分を全否定するくらいの大きな虚無感が心を支配するようでした。物を投げつけ、壁にこぶしをぶつけ、園庭に飛び出したかと思うとフェンスをよじ登り「こんな保育園燃やしてやるー！」と雄たけびのように泣き叫ぶのです。二年間で、ずいぶん落ち着いて自分の気持ちを言葉にできるようになり、周囲の戸惑いや相手にも気持ちがあることを受け入れるようにもなってきたところで卒園となりました。卒園間近になっても、荒れる姿はなくなってはいなかったので、心配もしながらしっかり小学校側へは引き継ぎをして送り出しました。

しかし、予想どおり入学してからも小学校から幾度となく保育園に電話がかかってきました。

「今日は二時間目までは教室にいられたのですが、三時間目の始まる前に廊下の窓から外へ出て家に帰ってしまいました」という電話です。私は「三時間目は何の授業でしたか？」とたずねると、「図画工作です」のお返事に「ハハーン」と思いました。

私はこう伝えます。

「先生、きっと『図画工作』の意味がわからなくて不安になったのだと思います。申し訳ありませんが、クラス全員に伝えた後に、まさき君だけに向けて今一度どんな道具が必要で、これとこれがあれば大丈夫だということを再度声をかけていただけないでしょうか」。

若い女性教師の担任は、教務主任の先生と一緒に、私たちの話をよく理解してくれ、その後もていねいな働きかけをしてくれたのだと思います。次第に学校から電話がかかってくることはなくなりました。心配しながら一年後、再びその小学校に行く機会がありました。すると私を見つけて、その担任の先生はこんな話をしてくれました。

「まさき君は最初の四、五月は暴れて大変でした。でも六月くらいから本当に落ち着きだしたのです。すると、別の児童が荒れだしました。教室で暴れてそれは大変だったのですが、ほとほと困っている私のところに、まさき君がきてこう言ってくれたのです。

『先生、あの子ね、先生のことがキライで暴れているのじゃないと思う。きっと何か困っているんだよ。助けてあげて』」と。

うれしかった……。

一緒に行った当時まさき君の担任だった友恵主任と、泣きました。

とてもたくさんのことを、私たちに教えてくれたまさき君でしたが、私たちは短い期間だけで、いったい彼の発達のどれほどを支えることができたのか、正直無力感もありました。しかし、彼の心の中にはしっかりと「友だちの本当の気持ちに添うやさしさ」が根付いていたのです。それは、けやきの木保育園で過ごした時間、私たちがまさき君とまさき君の仲間たちに、くり返し大切にこだわってきた保育の核心でした。たった数年間しか一緒に過ごすことができなかったけれど、それでもまさき君の心の根っこには、しっかりと種が埋め込まれたのです。自分の本当の気持ちを感じて伝えるとき、それを受けとめてくれる大人と仲間がいることを。その経験は、次に友だち対しても表面に見える姿だけではなく、「きっと本当の気持ちがあるはず」とやさしく思いやる気持ちを。

「子どもってすごいね」
「保育って、すごい」

保育園で過ごす時間は、長い人生の中のほんの数年間に過ぎません。でも、人生のスタート、最初の六年間であります。その六年間は、身体的には飛躍的に姿勢変化をくり返し、身体を自由自在に動かして様々な動きができるようにする力を獲得します。心理発達面では、まず自己を確立し、これから生きていくのに欠くことのできぬ、「一人ではない、人と生きる――〝人とかかわる力〟」を育む大事な土台の六年間と言えます。

そこで、親に対する絶対的な安心感と同じような安心感を、生活の場である保育園でもどの子も持てるようにしなければなりません。それは、保育者だけが安心ではなく、幼児になれば自分のいる集団そのものに安心感があり、そこに自分の居場所があることが、その子の暮らしと発達を支えてくれるのです。言い方を変えると、たんなる〝日中同じ時間一緒に過ごすだけの存在〟ではなく、安心感のある集団の中では、どの子も自分らしい表現で自己主張ができ、やがて仲間を理解する関係に育ちあっていくのです。

「子どもは未熟でなにもできぬ無力な存在だから『よしよし』と庇護すべきだ」というだけの保育園観では違うのです。発達の主体者である子どもは、本来どの子も「大きくなりたい」「もっとステキな自分でありたい」という、固有の願いを持っており、生まれたときからかけがえのないその子固有の人格を持った尊い存在です。その願いを励まし、その子の最善の利益を守っていくために、子どもの一番の理解者である親と、発達援助の専門職である保育者とが子どもを介して出会う「保育園」で、一人ひとりが大切にされる。そこでこそ、子どもは豊かに成長していくことができるのです。その成長に立ち会わせてもらいながら、実は、保育者自身も成長させてもらえる場であり、もしかしたら親たちだって、職場社会だけでは出会うことのない親同士のつながりの中で、子どもたちの成長を保育で共感し、より親らしく発達できていくのが保育園なのかもしれません。

子どもだけじゃない。子どもも・親も・職員も、みんな発達の主体者で、みんな幸せに生きていきたいと集う場が「保育園」なのです。子どもも大人も自分らしく生きていきたいのです。あたりまえに幸せに暮らすことが難しいこの時代だからこそ、「保育園」が元気で豊かに実践を重ねていくことが求められています。私たちは負けません。「効率重視」「自己責任」でくってはいけない場所がここにある。子どもは社会全体で育てる存在だからです。

大切にされた子どもは、やがて人を大切にする大人になります。
子どもの声を聞こう。
子どもに関わるすべての人で、つながろう。
今日も、これからも、日本中でみんなが幸せになれる保育園実践がつむがれています。

おわりに

本書をお読みいただき、ありがとうございました。ご意見、ご感想をお寄せいただきましたら、それを大切な糧として、みんなで歩みをすすめていきたいと思っております。また、本書『子ども編』に続けて、職員集団や親たちとの悩みぶつかり支えあった物語を綴った『大人編――大人だってわかってもらえて安心したい――』が出版されます。あわせてお読みいただければ、うれしいかぎりです。

この本に載っているものは、名古屋のほんの一つの社会福祉法人の実践にすぎません。でも、私たちの願いは子どもにかかわるすべての大人たちの願いと共通だと思います。「子どもを産んでよかった」と、すべての親が思える社会を望みます。時間も手間もお金もかかる「子育て」の営みは、そうそう効率的に大人の都合だけで切り売りできません。「手塩にかけて」育てる保育所保育が、待機児童の子どもたちにも、いや求めるすべての子どもたちにゆきわたる福祉を、私たちは求めます。

一人ひとりの子どもたちが、安心して「自分は守られているんだ」「自分って期待されているんだ」と思えながら成長していけることの幸せ。その多くの部分に責任を担っている保育所だから、見えることがあります。

当たり前の感情を当たり前に感じ表出できる。

そこに心を砕いて守って励ましてきた保育園の保育。

ここに、私たちの実践を伝えることで、一人でも多くの大人たちが、「子どもたちの成長を守る」唯一点で、つながっていくことに役立てれば、うれしいです。

第一八〇国会で、修正子ども・子育て関連法案が審議されている只中で、福祉としての保育が消えていこうとする危機を感じながら——。

二〇一二年七月一八日

平松知子

〈本書に寄せて〉

対話する「ちょこっと記録」が育てる保育の力

加藤繁美（山梨大学）

1　実践の記録は四コママンガにのせて

実はもう一五年以上も前のことになりますが、『子どもの自分づくりと保育の構造』（ひとなる書房、一九九七年）という本を著したとき、「感性のシャッターがとらえた『保育実践の記録』」の書き手として平松さんに登場してもらったことがあります。そこで紹介したのは、「これだから保母はやめられない」シリーズと銘打って当時平松さんがクラス便りに連載していた四コママンガの実践記録だったのですが、とにかく「実践の事実」を記録する平松さんの姿勢が自然体で、素敵だったことを覚えています。

たとえば、四コママンガの実践記録に添えて平松さんが書いた文章には、次のように記録を書く自らの思いが綴られていました。

現在、二歳児の担任をしています。まだ話しことばが完成してはいないけれど一人前におしゃべりを楽しんじゃう子どもたちとの保育は大笑いの連続。

そんな楽しい雰囲気を親にも伝えたくて、四コママンガ（これだから保母はやめられないシリーズ）をおたよりに載せています。とても共感してもらったり楽しみにしてもらっているので、毎日ネタだらけ。保育がますます楽しくなってます。

そうなのです。「毎日ネタだらけ」という平松さんの言葉のとおり、保育実践は子どもたちの「発達の物語」で満ちあふれているのです。そして、そのようにくり返される毎日を、記録に書いておかないともったいない……。そんな思いに支えられ、さりげなく「実践の事実」を書き続けて

いく平松さんの中に、子どもと対話する保育者の自然な姿を、私は教えられたような気がしたのです。

もちろん、そこに描かれた子どもの姿は、ただ面白く、楽しいだけというわけではありません。四コママンガで記録された「保育の事実」の中には、子どもの中に生起する出来事に起承転結のあるストーリー（物語）を見出し、子どもの行動の裏側に存在する「本当の気持ち」を探り出す、人間理解の方程式のようなものが隠されていたのです。

そして、そんな人間理解のまなざしは、「本当の気持ちにふたをして」毎日を過ごす、るい君の姿を綴る記録（二三頁）の中に、あるいは「早い迎えの子だから許せんのじゃ！」と叫ぶ、かい君の心を記録した文章（三四頁）の中に、平松さんの無意識の子ども観・人間観として表現されているのだろうと思います。

2　名選手、名監督になる

そんな平松さんがひょんなことから園長になり、保育者たちの力を借りながら子どもの発達を保障する立場になったとき、園運営の柱として「発明」し、採用したのが「ちょこっと記録」だったのには、やはりある種の必然性があったのだろうと思います。

とこんなことを書いたりすると、「『ちょこっと記録』を考え出したのは私ではなく、職員たちなんです」と平松さんは反撃してくるに違いありません。そして、おそらくそれは真実で、この

「ちょこっと記録」は平松さんが「発明」し、書かせようとしたものではなく、保育者たちが自ら考え出し、書き始めていったものなのだろうと思います。実際、そうでないと和田さんの記録のように、子どもと保育者の内面の葛藤を素直に綴った記録が出てくるはずはないのです。

が、それよりも私が感心するのは、実践記録の「名手」である平松さんが記録を書かせる側になったとき、こんなに素直な記録を書き、こんなに率直に議論しあえる保育者集団を創りだしていった事実です。「名選手、名監督に非ず」と言ったりしますが、素敵な実践記録を書き続けた保育者が、記録の書けない同僚保育者に「優しいまなざし」を向け続けることは、実際、かなり難しいことなのです。記録の書ける保育者には、記録の書けない保育者がどうしても理解できない感じで、そんな保育者の「無能さ」が許せない感じになってくるようなのです。

ところが実践記録を書く同僚保育者を見つめる平松さんのまなざしは、あくまでも「優しさ」で貫かれているのです。そして、書かれた記録を議論する園の空気には、かなり「自由」で「厳しい」ものがあるのです。こんな「発達する保育園」の職員集団をさりげなく創りだす平松さんに、まさに脱帽という感じなのですが、おそらくそれは、子どもを面白がり、保育を楽しむことのできる仲間を増やしたいという、そんな素朴な思いに支えられて「ちょこっと記録」が大切にされているからなのだろうと思います。

3 「ちょこっと記録」の手軽さ・深さ

ところで、問題は「ちょこっと記録」です。

平松さんの話を聞いたことをきっかけに、園運営の柱に「ちょこっと記録」を取り入れたという園をいくつか知っていますが、どこもけっこう苦戦している感じなのです。記録に基づく実践研究には地道な努力が求められますし、何よりも記録を書くモチベーションをすべての保育者が維持しないかぎり、研究を深めることはできません。だから、いくら意義や意味を共有しても、どうしても続いていかない点に、この種の実践研究の難しさがあるのです。

とくに、「ちょこっと記録」の「ちょこっと性」だけ取り入れようとすると失敗するようです。つまり、記録の長さは短くてもよいというのが「ちょこっと記録」のよさなのですが、「短さ」だけを強調しても、実践の面白さを深めることにつながってはいかないのです。

重要な点は、短い記録の中に「意味ある事実」を書き込むことができるかどうかという点にあるのですが、まさに、その「意味ある事実」を書き続けた典型として、和田さんの「ちょこっと記録」が紹介されているのだろうと思います。一読してわかるように、ここで言う「意味ある事実」とは、保育者が心を動かされたトピックを、子どもと保育者の言葉・仕草・行動の記録として切り取り、書き取った記録を意味しています。

たとえば私自身は、そうした形で整理された実践記録を「シナリオ型実践記録」と命名し、そこに、①保育者が心を動かされた実践の事実、②タイトル、③保育者の率直な感想といった三つの内容を、日記のようにシンプルに綴っていくことを提案してきましたが、まさに、まったく同じことが、ここ「けやきの木保育園」でも行われていたのです。

実際、和田さんのまとめた七月三日の記録（記録③　八七頁）は、「ゆらのバクハツ&こたろうのやさしさ」というタイトルのもと、次のような「実践の事実」が描かれています。

和田　「いってらっしゃーい」と杉山くん（パート職員）と他の子を送り出していると突然怒り出すゆら。
ゆら　「ギャー！　バカー！」
和田　（え？　何？　突然？）

とこんな感じで整理された記録の最後に、「ゆらちゃん、いきなり崩れずに口で言えるようになるといいなぁ…。それともボクがサインを見落としているのかな…」と和田さんの感想が書かれているのです。

つまり「けやきの木保育園」の「ちょこっと記録」には、こうして保育者が心を動かされた「実践の事実」がきちんと記録されている点に特徴があるのです。そして、短く再現された「実践の事実」の中に、内面の揺れや葛藤をくぐりながら成長していく子どもの姿が、保育者の共感的なまなざしと共に綴られている点が重要なのです。しかも、そうして「実践の事実」を切り取っていく保育者の姿勢の中には、いつも子どもの行動の中に「本当の思い」を読み取り、「どんな行動にも理由がある」と考える子ども観・保育観がきちんと位置づいているのです。

ここまで書いてくると、「けやきの木」の「ちょこっと記録」には、「子どもたちとの保育は大笑いの連続」と喝破していた四コママンガ時代の平松さんの明るさが、根っこの所に位置づいていることを改めて気づかされるような気がします。子どもと保育を好きにならない記録など、いくら書いても意味がありません。書けば書くほど子どもと保育が好きになる、そんな保育実践研究のスタイルを、「けやきの木」の「ちょこっと記録」の実践は教えてくれているように思います。

著者　平松知子（ひらまつ　ともこ）
1961年　静岡県浜松市生まれ
1981年　浜松の民間保育園で２年間勤務。
1983年　名古屋市に移り、社会福祉法人熱田福祉会のぎく保育園のパート勤務後、翌1984年正規職員として就職。
2007年　名古屋市立則武保育園廃園民営化を受託開園した社会福祉法人熱田福祉会けやきの木保育園園長に就任。
2022年　同法人理事長。
2024年　名古屋大学大学院教育発達科学研究科博士後期課程満期退学。

子どもも大人も育ちあう「誰もがしあわせになる保育園」づくりの実践について発信中。コロナ禍以降は、保育士配置基準改善を求める「子どもたちにもう１人保育士を！」運動を進めている。
著書『保育は人　保育は文化』（2009年、ひとなる書房）

和田亮介（わだ　りょうすけ）
第2部収録「ちょこっと記録」担当
1978年　愛知県春日井市生まれ
公立保育園や学童保育所での臨時職員を経て、
2007年　社会福祉法人熱田福祉会けやきの木保育園就職。
2023年　同保育園園長。

装幀　やまだみちひろ　　**装画**　おのでらえいこ

発達する保育園　子ども編
子どもが心のかっとうを超えるとき

2012年８月30日　初版発行
2025年３月30日　４刷発行

著　者　平　松　知　子
発行者　名 古 屋　研 一

発行所　㈱ひとなる書房
東京都文京区本郷2-17-13
広和レジデンス
TEL 03（3811）1372
FAX 03（3811）1383
E-mail：hitonaru@alles.or.jp

 印刷・製本／中央精版印刷株式会社　組版／リュウズ